French for Beginners

Learn French in 30 Days Without Wasting Time

Free Bonuses from Raoul Dumont

Hi French Learners!

My name is Raoul Dumont, and first off, I want to THANK YOU for reading my book.

Now you have a chance to join my exclusive French language learning email list so you can get the ebooks below for free as well as the potential to get more French books for free! Simply click the link below to join.

P.S. Remember that it's 100% free to join the list.

Access your free bonuses here:

https://livetolearn.lpages.co/french-learners/

Table of Contents

Introduction

Grâce à ce livre, tu apprendras le français de manière ludique à travers le voyage de Martin. Parcours les 10 chapitres, avec exercices inclus, afin de t'améliorer dans la langue de Molières.

Tu découvriras au fil des chapitres et du voyage de Martin en France, différentes facettes de la grammaire, du vocabulaire et de la culture française. Avance petit à petit, chapitre par chapitre et apprends le français en 30 jours seulement ! Ce livre te garantit de solides bases dans cette langue et te servira tout au long de ton périple grâce à ces dialogues et ces mises en situations réelles. Martin t'explique chacun de ces astuces et difficultés qu'il a rencontré lors de l'apprentissage de la langue. Grâce à son expérience, tu pourras donc éviter de faire les mêmes erreurs et te plonger directement dans le vif du sujet. Si tu écoutes chacun de ses conseils, ta progression se fera très rapidement.

En bonus et pour rendre l'apprentissage encore plus fun, tu découvriras quelques recettes typiquement françaises et des anecdotes tout aussi drôle sur la culture de ce pays. Aussi, n'oublies pas que la meilleure façon d'apprendre une nouvelle langue est d'essayer de la pratiquer directement avec des locaux alors n'hésites plus à raconter ce que tu as appris dans ce bouquin et ce que tu as fait durant ton voyage en France.

Bonne chance dans ton apprentissage du français !

Thanks to this book, you will learn French in a playful way through Martin's journey. Go through the 10 chapters, with exercises included, to improve your French.

You will discover through the chapters and Martin's journey in France, different facets of French grammar, vocabulary, and culture. Advance little by little, chapter by chapter, and learn French in only 30 days! This book guarantees you a solid foundation in the language and will serve you throughout your journey thanks to these dialogues and real-life situations. Martin explains each of the tips and difficulties he encountered while learning the language. Thanks to his experience, you can avoid making the same mistakes and dive straight into the heart of the matter. If you listen to his advice, your progress will be fast.

As a bonus and to make learning even more fun, you will discover some typical French recipes and some funny facts about the culture of this country. Also, don't forget that the best way to learn a new language is to try to practice it directly with locals, so do not hesitate to share what you learned in this book and what you did during your trip to France.

Good luck in learning French!

Chapter 1: French Basics

Tout au long du livre et directement dans ce premier chapitre, tu vas découvrir le périple de Martin, un jeune étudiant voulant découvrir la France et le français. Par le biais de ses aventures, tu vas toi-même en apprendre plus sur la culture française et sur la langue.

Ce tout premier chapitre t'apportera les bases du français dont tu auras besoin en arrivant sur place. Tout comme toi, Martin n'a pour le moment que très peu de connaissance de la langue française. Il est ici pour te guider à travers son voyage et t'enseigner ce qu'il a appris de très pratique.

Throughout the book and directly in this first chapter, you will discover the journey of Martin, a young student who wants to discover France and French. You will learn more about French culture and the language through his adventures.

This very first chapter will give you the basic French you will need when you arrive. Like you, Martin has very little knowledge of the French language at the moment. He is here to guide you through his journey and teach you what he has learned in a very practical way.

Brief history of the French language

Le français est un langage complexe et est considéré comme une langue romane. Cette langue est parlée dans plusieurs pays tels que la France, la Belgique, la Suisse et le Canada. Suite à la colonisation de plusieurs pays d'Afrique depuis les années 1800, le français est encore à ce jour parlé sur ce continent, notamment au Congo et au Sénégal.

Aujourd'hui, le français est souvent désigné comme la langue de l'Amour. Aux allures romantiques, de plus en plus de personnes se lancent dans l'apprentissage de cette langue, toi y compris, et Martin!

French is a complex language and is considered a Romance language. This language is spoken in several countries such as France, Belgium, Switzerland, and Canada. Following the colonization of several African countries since the 1800s, French is still spoken on this continent, notably in Congo and Senegal.

Today, French is often referred to as the language of love. With its romantic allure, more and more people are starting to learn this language, including you and Martin!

The Alphabet and Accents

Dans cette première leçon, il est impératif que tu apprennes l'alphabet. La colonne de droite t'aidera à bien prononcer les sons des différentes lettres. N'hésites pas à t'aider d'une vidéo afin de prononcer les lettres à haute voix pour bien mémoriser toutes ces sonorités.

Martin, lui a décidé d'apprendre l'alphabet par cœur afin de ne plus jamais l'oublier. Il trouve aujourd'hui que ça l'a beaucoup aidé lorsqu'il devait apprendre de nouveaux mots de vocabulaire.

In this first lesson, it is imperative that you learn the alphabet. The right column will help you to pronounce the sounds of the different letters. Don't hesitate to use a video to pronounce the letters out loud to help you memorize all the sounds.

Martin decided to learn the alphabet by heart so that he would never forget it again. He now finds that it has helped him a lot when he had to learn new vocabulary words.

Lettres - Letters	Prononciation - Pronunciation
A	/ɑ/
B	/be/
C	/se/
D	/de/
E	/ə/
F	/ɛf/
G	/ʒe/
H	/aʃ/
I	/i/
J	/ʒi/
K	/kɑ/
L	/ɛl/
M	/ɛm/
N	/ɛn/
O	/o/
P	/pe/
Q	/ky/
R	/ɛʁ/

S	/ɛs/
T	/te/
U	/y/
V	/ve/
W	/dublə ve/
X	/iks/
Y	/igʁɛk/
Z	/zɛd/

En français, il existe aussi différents accents qui modifient la prononciation de certaines lettres et parfois même dans certains cas, la signification de la lettre. Réfères-toi au tableau ci-dessous afin de bien comprendre le son qu'ils apportent à la lettre. Important, les accents en français se trouvent uniquement sur les voyelles suivantes: a / e / i / o / u.

In French, there are also different accents that change the pronunciation of certain letters and sometimes even the meaning of the letter. Refer to the table below to understand the sound they make on the letter. Important, accents in French are only found on the following vowels: a / e / i / o / u.

Les accents en français / French accents					
Sans accent	a	e	i	o	u
Accent aigu		é			
Accent grave	à	è			ù
Accent circonflexe	â	ê	î	ô	û
Le tréma		ë	ï		

La prononciation des accents changent uniquement sur le « e » et le « i ». Sur les lettres « a », « o » et « u », la prononciation ne change pas de l'alphabet traditionnel.

Le « é » se prononce: [e]

Le « è » et le « ê » se prononcent: [ɛ]

Le tréma s'utilise lorsqu'on veut que le son de la lettre en question et la lettre précédente se prononcent séparément. Il est généralement utilisé sur le « i » mais peut aussi être utilisé sur le « e ».

Exemple 1: Loïc c'est un prénom d'origine bretonne. Le son du « o » et du « i » doivent être séparé.

Exemple 2: Noël Le son du « o » doit être séparé du son du « e ».

The pronunciation of the accents changes only on the "e" and "ï". On the letters "a", "o" and "u", the pronunciation does not change from the traditional alphabet.

"é" is pronounced: [e]

"è" and "ê" are pronounced: [ɛ]

The umlaut is used when you want the sound of the letter in question and the previous letter to be pronounced separately. It is usually used on the "i," but it can also be used on the "e".

Example 1: Loïc it is a first name of Breton origin. The sound of the "o" and the "i" must be separated. [lɔik]

Example 2: Noël it means Christmas in English. The "o" sound must be separated from the "e" sound. [nɔɛl]

Pronunciation Tips

Afin de parfaire ta prononciation, Martin te donne quelques conseils pour que tu puisses bien être compris par tes interlocuteurs.

In order to perfect your pronunciation, Martin gives you some advice so that you can be well understood by your interlocutors.

1. En français, il existe des voyelles orales ou nasales. Il est important de bien faire la différence entre ces deux types. Un voyelle orale est une voyelle qui possède la

prononciation que tu as apprise grâce à l'alphabet.

Par exemple: mardi les deux voyelles dans le mot « mardi » possèdent exactement le même son que dans l'alphabet que tu as appris plus haut.

In French, there are oral and nasal vowels. It is important to make the difference between these two types. An oral vowel is a vowel that has the pronunciation that you have learned through the alphabet.

For example: mardi, which means "Tuesday." The two vowels in the word "mardi" have the exact same sound as in the alphabet you learned earlier.

1. Les voyelles nasales font parties d'un mot où sa prononciation de base sera modifiée. Elles ont un son nasale ce qui veut dire que le son vient du nez.

Par exemple: impossible le son du « i » est modifié et devient [ɛ̃pɔsibl]

Nasal vowels are part of a word where its basic pronunciation will be modified. They have a nasal sound which means that the sound comes from the nose.

For example: impossible which means "impossible." The sound of the "i" is modified and becomes [ɛ̃pɔsibl]

1. Certaines consonnes ont différentes prononciations. C'est le cas pour la lettre « c » et la lettre « s ».

Quand le « c » se trouve devant un « e » ou un « i », il se prononce comme un « s ».

Par exemple: cible [sibl]

Mais quand le « c » est devant un « a », un « o » ou un « u », il se prononce comme un « k ».

Par exemple: canapé [kanape]

Quand le « s » se trouve entre deux voyelles, il se prononce comme un « z ».

Par exemple: cerise [səʁiz]

Some consonants have different pronunciations. This is the case for the letter "c" and the letter "s".

When the "c" is in front of an "e" or an "i", it is pronounced like an "s".

For example: cible, which means "target" in English. [sibl]

But when the "c" is in front of an "a", "o" or "u", it is pronounced like a "k".

For example: canapé which means "sofa" in English [kanape]

When the "s" is between two vowels, it is pronounced like a "z".

For example: cerise which means "cherry" in English. [səʁiz]

1. Certaines consonnes combinées entre elles donnent de nouveaux sons. C'est le cas pour les consonnes « ch ».

Par exemple: cheval [ʃəval]

Some consonants combined together give new sounds. This is the case for the consonants "ch".

For example: cheval, which means "horse" in English. [ʃəval]

1. On peut aussi combiner des consonnes avec des voyelles en français. On retrouve notamment tous les sons en « IN » [in], en « ON » [ɔ̃] et en « EN » [ã].

Consonants can also be combined with vowels in French. In particular, we find all the sounds in " IN " [in], in " ON " [ɔ̃] and in " EN " [ã].

Le son « on » [ɔ̃]
-on
-om

Le son « in » [in]
-in
-ain
-ein
-un
-um
-im

Le son « en » [ã]
-en
-em
-an
-am

Word Order in a simple sentence

L'ordre des mots dans une phrase simple, c'est une des premières choses que Martin a appris. En effet, afin de pouvoir communiquer avec quelqu'un, tu dois être capable de pouvoir construire une phrase simple en utilisant au minimum un sujet, un verbe et un complément.

Suis les étapes suivantes afin d'apprendre à faire une phrase simple correctement.

1. Dans une phrase simple, le sujet se trouve toujours en première position.
2. Le verbe se trouve en deuxième position.
3. En troisième position, il y a l'objet/le complément.

Exemple: je mange une pomme.

Dans la phrase ci-dessus, le « je » représente le sujet et se trouve en 1ère position. Le verbe « mange » suit le sujet et se trouve donc en 2ème position. Le complément « une pomme » se trouve en fin de phrase, en 3ème position.

The order of words in a simple sentence is one of the first things Martin learned. In order to communicate with someone, you need to be able to construct a simple sentence using at least a subject, a verb, and a complement.

Follow these steps to learn how to make a simple sentence correctly.

1. In a simple sentence, the subject is always in the first position.
2. The verb is in the second position.
3. In the third position, there is the object/complement.

Example: je mange une pomme (it means: I eat an apple).

In the sentence above, "je" represents the subject and is in the 1st position. The verb "mange" follows the subject and is therefore in 2nd position. The complement "une pomme" is at the end of the sentence, in 3rd position.

Capitalization

En français, la première lettre de certains commencent par une majuscule. Les mots commençant par des majuscules sont des noms propres tels que des prénoms, des noms de famille, des noms de pays, des noms de marque, des noms de ville et village. En début de phrase, le premier mot possède toujours une majuscule.

Exemples:

1. Je m'appelle Martin.
2. Je voyage en France.
3. Je viens de Londres.

In French, the first letter of some words starts with a capital letter. Words beginning with capital letters are proper nouns such as first names, family names, country names, brand names, and city and village names. At the beginning of a sentence, the first word is always capitalized.

Examples:

1. Je m'appelle Martin. My name is Martin.
2. Je voyage en France. I am traveling in France.
3. Je viens de Londres. I come from London.

Punctuation

La ponctuation est très important dans la langue française. Elle sert à positionner certains mots et à fixer le sens d'une phrase. Grâce aux signes de ponctuation, il est plus facile de comprendre s'il s'agit d'une question, une exclamation ou d'une affirmation.

Le point (.): il marque la fin d'une phrase. A l'oral, on baisse naturellement la voix afin que notre interlocuteur puisse comprendre qu'il s'agit de la fin de la phrase.

La virgule (,): elle marque une pause ou une succession d'éléments comme pour dicter une liste.

Le point d'interrogation (?): ce point précise que la phrase est une question. A l'oral, on monte le ton de notre voix à la fin de la question pour que notre interlocuteur puisse comprendre qu'il s'agit d'une question.

Le point d'exclamation (!): le point d'exclamation sert à exprimer un sentiment dans une phrase comme par exemple de la joie, de la déception ou de l'admiration.

Punctuation is very important in the French language. It is used to position certain words and to fix the meaning of a sentence. Thanks to punctuation marks, it is easier to understand if it is a question, an exclamation, or a statement.

The point (.): marks the end of a sentence. When speaking, we naturally lower our voice so that our interlocutor can understand that it is the end of the sentence.

The comma (,): marks a pause or a succession of elements as if dictating a list.

The question mark (?): this mark specifies that the sentence is a question. When speaking, we raise the tone of our voice at the end of the question so that our interlocutor can understand that it is a question.

The exclamation mark (!): the exclamation mark is used to express a feeling in a sentence, such as joy, disappointment, or admiration.

Vocabulary

Colors

Français	English
La couleur	The color
Rouge	Red
Bleu	Blue
Vert	Green
Jaune	Yellow
Blanc	White
Noir	Black

Gris	Grey
Brun	Brown
Rose	Pink
Violet	Purple
Orange	Orange
Beige	Beige
Doré	Gold
Argenté	Silver

Numbers 1-19

Les chiffres	The numbers
Un	1
Deux	2
Trois	3
Quatre	4
Cinq	5
Six	6
Sept	7
Huit	8
Neuf	9
Dix	10

Onze	11
Douze	12
Treize	13
Quatorze	14
Quinze	15
Seize	16
Dix-sept	17
Dix-huit	18
Dix-neuf	19

Exercises

Après avoir bien compris la théorie, lance-toi dans la réalisation des exercices ci-dessous. Tu trouveras les réponses dans le chapitre « Answer Key ».

Once you understand the theory, try the exercises below. You will find the answers in the chapter "Answer Key."

Exercise 1

Complète les phrases ci-dessous avec la bonne couleur.

Complete the sentences below with the correct color.

1. La banane est _____.
2. Le cochon est _____.
3. L'arbre est _____.
4. La fraise est _____.
5. Le ciel est _____.
6. La pierre est _____.
7. Le corbeau est _____.
8. Le riz est _____.

9. Le raisin est _____.

10. Le chocolat est _____.

Exercise 2

Identifie les verbes dans les phrases suivantes en les surlignant. Si tu veux exercer en plus ta prononciation, lis les phrases à voix haute.

Identify the verbs in the following sentences by highlighting them. If you want to practice your pronunciation, read the sentences out loud.

1. Martin voyage en France.

2. Il commence son voyage à Paris.

3. Il visite le Louvre.

4. Il boit un café dans un restaurant.

5. Il mange une crêpe.

6. Il se promène au bord de la Seine.

7. Il prend le métro.

8. Il écoute un concert de Jean-Jacques Goldmann.

9. Il dort à l'hôtel.

10. Il mange un croissant dans une boulangerie.

Chapter 2: Meeting New People

Dans le chapitre 2, nous allons découvrir ensemble comment apprendre à connaître de nouvelles personnes dans une langue étrangère à la nôtre. Martin voyage essentiellement en auberge de jeunesse et partage généralement sa chambre avec d'autres voyageurs. C'est très important pour lui de pouvoir se présenter et poser quelques questions basiques à son voisin de chambre.

In chapter 2, we will discover together how to get to know new people in a language other than our own. Martin travels mainly in hostels and usually shares his room with other travelers. It is very important for him to be able to introduce himself and ask some basic questions to his roommate.

Functions

Afin de pouvoir te présenter et poser quelques questions simples, lance-toi dans les thèmes ci-dessous.

In order to be able to introduce yourself and ask a few simple questions, take a look at the topics below.

Greetings

En français, il n'y a aucune différence entre « bonjour » le matin ou l'après-midi. Nous disons tout simplement « bonjour ».

In French, there is no difference between "bonjour" in the morning or in the afternoon. We simply say "bonjour".

Français	English
Bonjour (le matin)	Good morning
Bonjour (l'après-midi)	Good afternoon
Bonsoir	Good evening
Bonne nuit	Good night
Salut	Hello
Au revoir	Goodbye
À bientôt	See you soon
Bonne journée	Have a good day
Bonne soirée	Have a good evening
À demain	See you tomorrow
Tchao	Bye
Bienvenue	Welcome
Enchanté	Nice to meet you

Introducing yourself

En entrant dans son dortoir à l'auberge de jeunesse, Martin se présente toujours aux personnes avec lesquelles il va partager les prochaines nuits. Cet exercice lui permet de pratiquer son français et de rencontrer de nouvelles personnes. Souvent, grâce à quelques petites phrases, il arrive à faire connaissance avec de chouette personnes et partage ensuite des activités avec elles.

Upon entering to his dormitory at the youth hostel, Martin always introduces himself to the people he will be sharing the next few nights with. This exercise allows him to practice his French and to meet new people. Often, thanks to a few short sentences, he manages to get to know some nice people and then shares activities with them.

Français	English
Je m'appelle.../ Mon prénom est ...	My name is...
Je viens de...	I come from...
J'habite à...	I live in...
J'ai ... ans	I am ... years old
J'étudie ... à l'université	I study ... at the university
Je travaille en tant que ...	I am working as ...
Je suis ...	I am ...

Voici ce que Martin dit généralement lorsqu'il se présente:

Bonjour, je m'appelle Martin et j'ai 22 ans. Je suis anglais. Je viens de Londres. Je suis étudiant en droit à l'université.

Here is what Martin usually says when he introduces himself:

Hello, my name is Martin and I am 22 years old. I am English. I come from London. I am a law student at the university.

Asking simple questions

Il y a deux différentes manières de poser des questions en français et les deux sont très importantes car elles sont complémentaires.

There are two different ways to ask questions in French, and both are very important because they are complementary.

La première méthode utilise la forme « est-ce que » et voici comment l'utiliser:

1. La forme « est-ce que » se situe en $1^{\text{ère}}$ position.
2. Le sujet se place en $2^{\text{ème}}$ position.
3. Le verbe se place en $3^{\text{ème}}$ position.

4. Le complément d'objet, s'il y en a un, se place en dernière position.

The first method uses the "est-ce que" form and here is how to use it:

1. The form "est-ce que" is in 1st position.
2. The subject is placed in 2nd position.
3. The verb is placed in 3rd position.
4. The object complement, if there is one, is placed in the last position.

Par exemple / for example:

L'autre manière de poser des questions se fait en utilisant les mots interrogatifs de la liste ci-dessous. Ils sont à apprendre par cœur afin que tu puisses bien comprendre la question que te pose ton interlocuteur.

The other way to ask questions is to use the interrogative words from the list below. They should be memorized so that you can understand the question your interlocutor is asking you.

Français	English
Quoi ? Quel(s) ? Quelle(s) ? Que ?	What ?
Qui ?	Who ?
Où ?	Where ?
Comment ?	How ?
Quand ?	When ?
Pourquoi ?	Why ?

Voici la méthode à appliquer pour utiliser cette manière de poser des questions:

1. Le mot interrogatif se place en 1ère position.
2. Le verbe se place en 2ème position car il faut inverser le sujet et le verbe. En inversant le sujet et le verbe, il est obligatoire de les lier avec un trait d'union.
3. Le sujet se place en 3ème position, juste après le verbe.

Here is the method to apply to use this way to ask questions:

1. The interrogative word is placed in 1st position.
2. The verb is placed in the 2nd position because the subject and the verb must be reversed. When inverting the subject and the verb, it is mandatory to link them with a hyphen.
3. The subject is placed in the 3rd position, just after the verb.

Par exemple / for example:

Voici d'autres exemples de questions utilisant les mots interrogatifs:

Other examples of questions using interrogative words:

1. Que fais-tu ? / What are you doing?
2. Qui es-tu ? / Who are you?
3. Où es-tu ? / Where are you?
4. Comment t'appelles-tu ? / What is your name?
5. Quand viens-tu ? / When do you come?
6. Pourquoi fais-tu cela ? / Why do you do that?

Useful questions

Lorsque Martin rencontre quelqu'un dans une auberge de jeunesse, voici les questions qu'il lui pose en général afin de faire plus ample connaissance:

1. Comment t'appelles-tu ?
2. Quel âge as-tu ?
3. D'où viens-tu ?
4. Quel est ton travail ?
5. Est-ce que tu es étudiant ? Qu'est-ce que tu étudies ?
6. Où habites-tu ?

7. Depuis combien de temps est-ce que tu voyages en France ?

8. Est-ce que tu veux visiter un musée avec moi aujourd'hui ?

9. Quelle langue est-ce que tu parles ?

10. Est-ce que tu as des recommandations à me donner sur cette ville ?

When Martin meets someone in a youth hostel, these are the questions he usually asks to get to know them better:

1. What is your name?

2. How old are you?

3. Where do you come from?

4. What job do you do?

5. Are you a student? What do you study?

6. Where do you live?

7. How long have you been traveling in France?

8. Would you like to visit a museum with me today?

9. What language do you speak?

10. Do you have any recommendations for this city?

Dialogue: two people who meet each other for the first time

Dans ce dialogue, Martin rencontre quelqu'un pour la première fois. Lis ce dialogue et entraine-le seul ou avec quelqu'un.

In this dialogue, Martin meets someone for the first time. Read this dialogue and practice it alone or with someone.

Martin: Bonjour, je m'appelle Martin. Et toi, comment t'appelles-tu ?

Anne: Salut Martin. Je m'appelle Anne.

Martin: Enchanté. Est-ce que tu es à Paris en voyage ?

Anne: Non, je suis à Paris pour les études. Et toi ?

Martin: Je suis en vacances à Paris. Est-ce que tu es libre aujourd'hui ?

Anne: Oui, je suis libre. Je peux te faire visiter la ville si tu souhaites.

Martin: Oui, ça serait vraiment super ! Merci beaucoup.

Martin: Hello, my name is Martin. And you, what is your name?

Anne: Hi Martin. My name is Anne.

Martin: Nice to meet you. Are you in Paris on a trip?

Anne: No, I am in Paris to study. What about you?

Martin: I am on holiday in Paris. Are you free today?

Anne: Yes, I am free. I can show you around the city if you want.

Martin: Yes, that would be really great! Thank you very much.

Grammar

Il est important que tu apprennes un minimum de la grammaire française pour débuter l'apprentissage de cette langue. Nous allons commencer par la base et petit à petit, nous augmenterons la difficulté pour parfaire tes connaissances.

It is important that you learn a minimum of French grammar to start learning this language. We will start with the basics and gradually increase the difficulty to perfect your knowledge.

Subject pronouns

Français	English
Je	I
Tu	You
Il / elle / on	He / she / it
Nous	We
Vous	You
Ils / elles	They

The verb "to be"

Le verbe "être" est un des verbes de base. Il est donc important que tu l'apprennes par cœur.

The verb "to be" is one of the basic verbs. It is therefore important that you learn it by heart.

Être – au présent	
Je suis	I am
Tu es	You are
Il est / elle est / on est	He is / she is / it is
Nous sommes	We are
Vous êtes	You are
Ils sont / elles sont	They are

The gender of nouns

En français, le genre des noms se définit par le masculin, le féminin, le singulier et le pluriel. Lorsque tu apprends du vocabulaire, il est nécessaire que tu apprennes aussi son genre afin de te faciliter la tâche par la suite.

In French, the gender of nouns is defined as masculine, feminine, singular and plural. When you learn vocabulary, it is necessary that you also learn its gender in order to make it easier for you later on.

Le: masculin / singulier = male form + singular form

La: féminin / singulier = female form + singular form

L': masculin ou féminin / singulier = male or female form + singular form

Les: masculin ou féminin / pluriel = male or female form + plural form

Quelques exemples:

Masculin / singulier: le chat, le vélo, le soleil, l'avion, l'ordinateur

Féminin / singulier: la vache, la voiture, la lune, l'armoire, l'île

Masculin / pluriel: les chiens, les bus, les pantalons, les bâtiments, les oiseaux

Féminin / pluriel: les crevettes, les étoiles, les robes, les maisons, les assiettes

Some examples:

Male form + singular form: the cat, the bike, the sun, the plane, the computer

Female form + singular form: the cow, the car, the moon, the wardrobe, the island

Male form + plural form: the dogs, the busses, the trousers, the buildings, the birds

Female form + plural form: the shrimps, the stars, the dresses, the houses, the plates

Vocabulary

Countries and nationalities

Français	English
La France	France
La Suisse	Switzerland
L'Allemagne	Germany
L'Autriche	Austria
L'italie	Italy
L'Angleterre	England
La Pologne	Poland
La Russie	Russia
La Grèce	Greece
L'Espagne	Spain
Le Portugal	Portugal
La Norvège	Norway

La Suède	Sweden
Les Etats-Unis	The United States
Le Canada	Canada
Le Mexique	Mexico
Le Brésil	Brazil
La Chine	China
Le Japon	Japan
La Thaïlande	Thailand
L'Inde	India
L'Australie	Australia
La Nouvelle-Zélande	New Zealand
L'Egypte	Egypt
Le Maroc	Morocco
Le Sénégal	Senegal
L'Afrique du Sud	South Africa
L'Europe	Europe
L'Amérique du Nord	North America
L'Amérique du Sud	South America
L'Asie	Asia
L'Afrique	Africa

L'Océanie	Oceania
La nationalité	The nationality
L'origine	The origin
La culture	The culture

Numbers over 20

Les chiffres en français sont relativement compliqués à mémoriser mais heureusement, Martin a une technique infaillible qui pourra t'aider à les apprendre.

The numbers in French are quite complicated to memorize but fortunately, Martin has a foolproof technique that can help you learn them.

Les chiffres	The numbers
Vingt	20
Trente	30
Quarante	40
Cinquante	50
Soixante	60
Soixante-dix	70
Quatre-vingts	80
Quatre-vingt-dix	90
Cent	100
Mille	1000
Un million	1'000'000

1. Les chiffres de 20 à 69 sont réguliers.

   The numbers from 20 to 69 are regular.

   Par exemple / for example:

   21 = vingt-et-un

   34 = trente-quatre

   46 = quarante-six

   57 = cinquante-sept

   69 = soixante-neuf

1. Pour les chiffres de 70 à 79, il faut utiliser: 60 + 10

   For the numbers from 70 to 79, you have to take: 60 + 10

   Par exemple / for example:

   72 = soixante-douze it is like you say "sixty-twelve" instead of seventy two.

   75 = soixante-quinze it is like you say "sixty-fifteen" instead of seventy five.

   78 = soixante-dix-huit it is like you say "sixty-eighteen" instead of seventy eight.

1. Le chiffre 80 est à apprendre par cœur: quatre-vingts

   You have to learn the number 80 by heart: four times twenty

1. Pour les chiffres de 81 à 89, il faut utiliser: quatre-vingt + 1...

   For the numbers from 81 to 89, you have to take: four times twenty + 1

   Par exemple / for example:

   81 = quatre-vingt-un it is like you say "four times twenty-one" instead of eighty one

   83 = quatre-vingt-trois it is like you say "four times twenty-three" instead of eighty-three

   89 = quatre-vingt-neuf it is like you say "four times twenty-nine" instead of eighty-nine

1. Pour les chiffres de 90 à 99, il faut utiliser: quatre-vingt + 10

   For the numbers from 90 to 99, you have to take four times twenty + 10

Par exemple / for example:

92 = quatre-vingt-douze it is like you say "four times twenty twelve" instead of ninety-two

96 = quatre-vingt-seize it is like you say "four times twenty sixteen" instead of ninety-six

97 = quatre-vingt-dix-sept it is like you say "four times twenty seventeen" instead of ninety-seven

Exercises

Exercise 3

Ecris les chiffres en français.

Write the numbers in French.

14 = _____

27 = _____

35 = _____

42 = _____

53 = _____

63 = _____

77 = _____

82 = _____

99 = _____

100 = _____

Exercise 4

Réponds aux questions ci-dessous en écrivant des phrases complètes.

Answer the questions below by writing in complete sentences.

1. Comment t'appelles-tu ?

_____

2. Quel âge as-tu ?

_____

3. Où habites-tu ?

_____

4. D'où viens-tu ?

_____

5. Quel travail fais-tu / quelles études fais-tu ?

_____

Chapter 3: Checking Into Your Room

Si toi aussi, comme Martin, tu aimes voyager à l'étranger, tu devras savoir te débrouiller dans la langue du pays pour pourvoir faire ton check-in dans l'hôtel que tu as choisi. Martin va t'aider dans ce chapitre en te proposant des phrases et des nouveaux mots de vocabulaire utiles.

If you, like Martin, like to travel abroad, you will need to know the local language in order to check into your chosen hotel. Martin will help you in this chapter with useful phrases and new vocabulary.

Functions

Booking a room

Lorsque tu pars en voyage, il te faudra réserver une chambre dans un hôtel ou un lit dans une auberge. Bien que tu puisses le faire sur internet sans forcément apprendre à communiquer dans la langue du pays où tu te rends, il est souvent agréable de ne pas réserver tout son voyage et de voir au jour le jour où tu veux te rendre ensuite. Dans ce genre de situation, il est plus favorable de te rendre directement à la réception d'un hôtel pour réserver une chambre ou bien de téléphoner pour être sûr que l'hôtel a encore de la place pour toi.

Martin a fait une sélection de différents mots et phrases qui pourront t'être utile dans ce genre de situation.

When you go on a trip, you will have to book a room in a hotel or a bed in a hostel. Although you can do this on the internet without necessarily learning to communicate in the language of the country you are going to, it is often nice not to book your entire trip and to see where you want to go next. In this kind of situation, it is better to go directly to the reception of a hotel to book a room or to call to make sure that the hotel still has room for you.

Martin has made a selection of different words and phrases that may be useful in this kind of situation.

Français	English
L'hôtel	The hotel
L'auberge de jeunesse	The hostel
La réception	The reception
Le check-in	The check-in
Le check-out	The check-out
Le petit-déjeuner	The breakfast
Le petit-déjeuner est servi de 6h à 10h.	Breakfast is served from 6 am to 10 am.
La clé	The key
Est-ce qu'il y a un dépôt pour la clé ?	Is there a key deposit?
La porte d'entrée	The front door
La porte d'entrée est ouverte de 7h à 22h.	The front door is open from 7 am to 10 pm.

La serviette	The towel
Les draps	The sheets
L'oreiller	The pillow
Je souhaite réserver une chambre privative.	I would like to book a private room.
Combien de nuits souhaitez-vous rester ?	How many nights do you want to stay?
Je souhaite rester 3 nuits.	I would like to stay 3 nights.
Est-ce que vous avez encore des dortoirs à 6 lits ?	Do you still have 6-bed dorms?
Est-ce que les dortoirs sont séparés fille/garçon ?	Are the dormitories separate for girls and boys?
Combien coûte une nuit ?	How much does a night cost?
Quel est le prix pour une nuit ?	What is the price for one night?
Est-ce que je peux payer par carte ?	Can I pay by card?
La réception est ouverte de 8h à 20h.	The reception is open from 8 am to 8 pm.

Asking for the room number

Même si ce point peut paraître facile, les chiffres en français, comme tu as pu les apprendre dans le chapitre précédent, sont parfois difficiles à comprendre et à retenir. Afin de ne pas te perdre dans l'établissement, Martin t'a préparé quelques phrases et questions afin que tu puisses trouver ta chambre sans problème.

Although this may seem easy, French numbers, as you learned in the previous chapter, are sometimes difficult to understand and remember. In order not to get lost in the building, Martin has prepared a few phrases and questions for you so that you can find your room without any problems.

Français	English
Quel est le numéro de la chambre ?	What is the room number?
Vous êtes à la chambre numéro 732.	You are in room number 732.
Où est-ce que se situe la chambre ?	Where is the room located?
La chambre se situe au 7ème étage au fond du couloir.	The room is located on the 7th floor at the end of the hallway.
Vous pouvez prendre l'ascenseur sur votre gauche et monter jusqu'au 7ème étage. Ensuite, tournez directement dans le couloir à droite et vous trouverez votre chambre au fond du couloir.	You can take the elevator on your left and go up to the 7th floor. Then turn right into the hallway and you will find your room at the end of the hallway.
Où sont les escaliers ?	Where are the stairs?
Les escaliers sont juste derrière vous.	The stairs are right behind you.

Describing the room

Martin a remarqué qu'à la réception des auberges de jeunesse, ils prennent souvent le temps de t'expliquer comment est ta chambre et où se trouve ton lit. Grâce à ces quelques phrases, tu pourras comprendre ce que le réceptionniste te dit.

Martin has noticed that at the reception of the hostels, they often take the time to explain to you what your room is like and where your bed is. With these few sentences, you will be able to understand what the receptionist is telling you.

Français	English
Votre lit se situe contre le mur à côté de l'armoire.	Your bed is located against the wall next to the closet.
Il n'y a pas de salle de bain dans la chambre, elle se situe dans le couloir en face de votre chambre.	There is no bathroom in the room, it is located in the corridor in front of your room.
Il y a 8 lits dans le dortoir.	There are 8 beds in the dormitory.
Il y a des casiers pour mettre vos affaires et objets de valeur.	There are lockers for your belongings and valuables.
Il y a une télévision dans votre chambre privative.	There is a television in your private room.
La salle de bain est équipée d'un sèche-cheveux.	The bathroom has a hairdryer.
Il y a la climatisation dans votre chambre.	There is air conditioning in your room.

Pour chaque description, que ce soit pour un objet, un lieu ou un paysage, nous utilisons souvent la forme « il y a » pour décrire quelque chose. Avec les explications ci-dessous, tu pourras maîtriser cette nouvelle forme de phrase et décrire tout ce dont tu as envie.

Premièrement, il n'y a pas de différence entre le singulier et le pluriel en français lorsque tu utilises cette forme. Ensuite, mis à part cette spécificité, cette forme s'utilise comme en anglais.

For every description, whether it's an object, a place or a landscape, we often use the form "there is/there are" to describe something. With the explanations below, you will be able to master this new sentence form and describe anything you want.

First, there is no difference between singular and plural in French when you use this form. Secondly, apart from this specificity, this form is used like in English.

<u>Exemples /examples:</u>

Il y a un oiseau dans l'arbre. There is a bird in the tree.

Il y a une femme dans la voiture. There is a woman in the car.

Il y a des croissants à la boulangerie. There are croissants at the bakery.

Il y a des fraises au marché. There are strawberries at the market.

Comme tu peux le voir dans les exemples ci-dessus, que ce soit au singulier, au pluriel, au masculin ou au féminin, la forme « il y a » ne change pas et s'utilise toujours comme cela.

As you can see in the examples above, whether it is singular, plural, masculine or feminine, the form "there is" does not change and is always used like that.

Dialogue: booking a room in a hotel

Dans ce dialogue, tu pourras t'entrainer à pratiquer ton oral en reproduisant la conversation entre Martin et la réceptionniste de l'auberge de jeunesse.

In this dialogue you can practice your speaking skills by reproducing the conversation between Martin and the receptionist at the youth hostel.

Martin: Bonjour, je souhaiterais réserver une chambre dans votre auberge s'il-vous-plaît.

La réceptionniste: Bonjour. Bien sûr. Quel type de chambres souhaitez-vous ? Une chambre privée ou un dortoir ?

Martin: Plutôt un dortoir, si possible.

La réceptionniste: Nous avons encore un dortoir à 6 lits à 14€ la nuit ou à 8 lits à 12€ la nuit de disponible. Lequel préférez-vous ?

Martin: Je vais prendre un lit dans le dortoir à 6. Je souhaite rester 5 nuits.

La réceptionniste: Très bien, cela vous coûtera 70€. Vous souhaitez payer par carte ou en cash ?

Martin: Je vais payer par carte. Est-ce que le petit-déjeuner est inclus ?

La réceptionniste: Oui et il est servi à partir de 7h00 jusqu'à 9h00. Votre dortoir se trouve au numéro 212. Il est au deuxième étage sur votre droite en sortant de l'ascenseur. N'hésitez pas à venir à la réception en cas de question. Elle est ouverte de 8h00 à 22h00.

Martin: Merci beaucoup et bonne journée.

La réceptionniste: Bonne journée à vous aussi.

Martin: Hello, I would like to book a room in your hostel please.

The receptionist: Hello. Yes, of course. What type of rooms would you like? A private room or a dormitory?

Martin: More like a dormitory, if possible.

The receptionist: We still have a 6 bed dormitory at 14€ per night or an 8 bed dormitory at 12€ per night available. Which one do you prefer?

Martin: I will take a bed in the 6 person dorm. I want to stay 5 nights.

The receptionist: Very well, it will cost you 70€. Would you like to pay by card or cash?

Martin: I will pay by card. Is breakfast included?

The receptionist: Yes, and it is served from 7:00 am to 9:00 am. Your dormitory is located at number 212. It is on the second floor on your right as you exit the elevator. Do not hesitate to come to the reception if you have any questions. It is open from 8:00 am to 10:00 pm.

Martin: Thank you very much and have a nice day.

The receptionist: Good day to you too.

Grammar

Definite/indefinite articles

L'article défini est représenté par: **le, la, l', les.** Cela signifie qu'on individualise l'objet ou l'être dont on parle.

L'article indéfini est représenté par: **un, une, des.** Il ne représente pas un objet ou un être spécifique. Il a une notion plus générale.

Par exemple / for example:

Le restaurant the restaurant / C'est un endroit défini. On parle d'un restaurant précis. It is a defined place. We're talking about a specific restaurant.

Un restaurant a restaurant / On parle aussi d'un restaurant mais de n'importe lequel. On ne peut pas savoir exactement de quel restaurant il s'agit. We are also talking about a restaurant, but any restaurant. We can't know exactly which restaurant it is.

Yes/No questions

Les questions oui/non sont aussi appelées « questions fermées » en français. On les appelle comme cela car elles ne laissent pas la possibilité de répondre autre chose que oui ou non.

En utilisant la forme « est-ce que », tu peux poser une question fermée.

Exemples:

Question 1: Est-ce que je peux venir ce soir ? **Réponse 1:** Oui, tu peux venir ce soir.

Question 2: Est-ce que le repas est prêt ? **Réponse 2:** Oui, le repas est prêt.

Question 3: Est-ce que as réussi tes examens ? **Réponse 3:** Non, je ne les ai pas réussis.

Yes/no questions are also called "closed questions" in French. They are so called because they do not allow the possibility of answering anything other than yes or no.

By using the form "est-ce que", you can ask a closed question.

Examples:

Question 1: Can I come tonight? **Answer 1:** Yes, you can come tonight.

Question 2: Is the meal ready? **Answer 2:** Yes, the meal is ready.

Question 3: Have you passed your exams? **Answer 3:** No, I didn't.

Prepositions of place

Dans la liste, tu trouveras toutes les prépositions de lieux que Martin connaît. Il est important de bien les connaître et d'apprendre à les utiliser.

In the list, you will find all the prepositions of place that Martin knows. It is important to know them well and to learn how to use them.

Français	English
À / au / aux	To
Dans	In
Sur	On
Sous	Under
Au dessus de	Above
Au dessous de	Below
Entre	Between
Parmi	Among
Au milieu de	In the middle of
Devant	In front of
Derrière	Behind

En face de	In front of
À côté de	Next to
Contre	Against
Près de	Close to
Loin de	Far from
Vers	Towards
En	To / in
Au bout de	At the end of
A l'intérieur de	Inside
A l'extérieur de	Outside
Le long de	Along
En dehors de	Apart from

Ces mots sont invariables. Cela veut dire qu'ils ne s'accordent pas au pluriel, au féminin ou au masculin. Ils gardent leur forme de base.

These words are invariable. This means that they do not have a plural, feminine or masculine form. They keep their basic form.

Vocabulary

Parts of the house

Français	English
Le rez-de-chaussée	The ground floor
Le premier (1er) étage	The first floor
Le deuxième (2ème) étage	The second floor
Le troisième (3ème) étage	The third floor
Le sous-sol	The basement
L'intérieur	The inside
L'extérieur	The outside
Le couloir	The hallway

Rooms of the house

Français	English
La cuisine	The kitchen
La chambre à coucher	The bedroom
Le salon	The living room
La salle de bain	The badroom
Le bureau	The office room
Le garage	The garage
Le jardin	The garden

Français	English
L'entrée	The hall
La cave	The cellar
Le balcon	The balcony

Objects in the house

Français	English
Le lit	The bed
Le canapé	The sofa
La chaise	The chair
Le tabouret	The stool
Les toilettes	The toilets
La douche	The shower
La baignoire	The bath
La casserole	The pan
La poêle	The frying pan
Le bol	The bowl
L'assiette	The plate
La fourchette	The fork
Le couteau	The knife
La cuillère à soupe	The spoon
La cuillère à café	The tea spoon

Le verre	The glas
La télévision / la TV	The television / the TV
L'ordinateur	The computer
La table	The table
Le bureau	The desk
Le fauteuil	The armchair
La poubelle	The bin
La plante	The plant
La cheminée	The chimney
L'étagère	The shelf
La fenêtre	The window
La porte	The door

Exercises

Exercise 5

Surligne la bonne préposition dans les phrases ci-dessous.

Highlight the correct preposition in the sentences below.

1. Je pars **à / sur** Lyon.
2. La serviette est **en / dans** la salle de bain.
3. Des guides sont disponible **sous / à** la réception.
4. Le verre est **sur / vers** la table.
5. Le chat se cache **sous / dans** la table.
6. La gare se trouve **en dessous de / en face de** la mairie.
7. Je me balade **parmi / le long de** la rivière.

8. Le salon de coiffure est **entre / à l'intérieur** du centre commercial.

9. Il s'assied **à côté de / à** moi.

10. Le musée est **près de / dans** la station de métro.

Exercise 6

Mets les mots dans le bon ordre afin de former une phrase correcte.

Put the words in the right order to form a correct sentence.

1. se situe / La / au / étage. / troisième / chambre

_____

1. est / cuisine ? / Où / la

_____

1. Je / réserver / une / deux / pour / chambre / personnes. / souhaite

_____

1. prix / nuit ? / pour / le / Quel / est / une

_____

1. petit-déjeuner / inclus / prix. / dans / le / n'est pas / Le

_____

Chapter 4: Going Shopping

Lors de son périple en France, Martin est souvent allé acheter des choses au supermarché ou dans les marchés locaux. Il a dû s'exprimer en français pour acheter de la nourriture mais aussi pour acheter quelques souvenirs à rapporter à sa famille. Grâce à son expérience, tu pourras toi aussi faire des achats tout en pratiquant la langue française.

During his trip to France, Martin often went to buy things at the supermarket or in the local markets. He had to speak French to buy food but also to buy some souvenirs to bring back to his family. Thanks to his experience, you too will be able to shop while practicing the French language.

Functions

Asking for and finding products in a store

Martin te propose ci-dessous quelques phrases et mots qui te seront utiles dans un magasin. Apprends-les afin de pouvoir te débrouiller seul.

Below are some phrases and words that will be useful in a store. Learn them so that you can manage to buy anything on your own.

Français	English
Je souhaite acheter ...	I would like to buy ...
Où est-ce que je peux trouver ...	Where can I find ...
Est-ce que vous avez ... dans votre magasin ?	Do you have ... in your shop?
Où est-ce que je peux acheter des souvenirs ?	Where can I buy some souvenirs?
Est-ce que je peux avoir ... ?	Can I have ... ?
Pouvez-vous m'indiquer où se trouve ... ?	Can you tell me where is ... ?
Le ... est dans ce rayon.	The ... is in this area.
Désolé, nous n'avons plus cela.	Sorry, we don't have that anymore.
Nous n'avons pas ce produit en magasin.	We do not have this product in store.

Telling the price of a product

Pour réussir ce module, tu auras besoin de tes connaissances des chiffres que tu as appris dans les chapitres 1 et 2. Si tu as encore des doutes avec les nombres, retournes à ces chapitres afin de les réviser et de les maîtriser.

To pass this module, you will need the number skills you learned in Chapters 1 and 2. If you are still unsure about numbers, go back to those chapters to review and master them.

Français	English
Combien coûte un/une ... ?	How much does a ... cost?
Quel est le prix du/de la ... ?	What is the price for the ...?
Cela vous coûtera 34 euros.	It will cost you 34 euros.
Un centime	One cent
Un billet de banque	A bank note
Une pièce	A coin
Est-ce que vous avez la monnaie ?	Do you have the change?
Par carte	By card
En cash	In cash
Est-ce que je peux payer avec un chèque ?	Can I pay with a check?

Anecdote: même si ce n'est plus vraiment utilisé dans d'autres pays, les Français paient souvent par chèque.

Fun fact: Even if it is not really used anymore in other countries, French people often pay by check.

Asking why – questions

En français, les questions avec le mot interrogatif « pourquoi » sont formées d'une manière spécifique et leurs réponses aussi.

In French, questions with the interrogative word "pourquoi" are formed in a specific way and so are their answers.

Exemple / example:

Pourquoi est-ce que *tu pleures* ? Why do *you cry*?

Je pleure **parce que** j'ai raté mon permis de conduire. *I am crying* **because** I failed my driver's license.

Comme tu peux le remarquer dans cet exemple, la réponse à la question se constitue en deux parties. La première partie « je pleure » est reprise par la fin de la question « tu pleures ». Ensuite, il faut ajouter le groupe de mot « parce que » et donner une raison.

As you can see in this example, the answer to the question is in two parts. The first part "I am crying" is taken up by the end of the question "you cry". Then, you have to add the word group "because" and give a reason.

Dialogue: to buy food in an organic shop

Dans cette nouvelle situation, Martin fait ses courses dans un magasin vendant de la nourriture biologique. Il a quelques questions à poser au vendeur.

In this new situation, Martin goes shopping at a store selling organic food. He has a few questions for the employee.

Martin: Bonjour, excusez-moi de vous déranger. Pouvez-vous m'indiquer où est-ce que je peux trouver du café dans le magasin ?

Le vendeur: Bonjour. Le café se trouve dans le rayon numéro 4, à côté du rayon où se trouve le thé.

Martin: Merci. D'où vient le café que vous vendez ?

Le vendeur: Il vient d'Amérique du Sud, plus précisément de Colombie. Il est fabriqué de manière biologique et respectueuse de l'humain et de l'environnement.

Martin: Merci pour ces informations. Quel est le prix d'un paquet ?

Le vendeur: Un paquet de café vous coûtera 9€.

Martin: Hello, I am sorry to bother you. Can you tell me where I can find coffee in the store?

The seller: Hello. The coffee is in area number 4, next to the tea area.

Martin: Thank you. Where does the coffee you sell come from?

The seller: It comes from South America, more precisely from Colombia. It is manufactured in an organic way and respectful of the human being and the environment.

Martin: Thank you for this information. What is the price of a package?

The seller: A pack of coffee will cost you 9€.

Grammar

Demonstrative articles

L'article ou le déterminant démonstratif désigne de façon précise l'objet, la personne ou l'animal dont il est question.

Ils se distinguent en 3 catégories: masculin, féminin et pluriel. On dit donc qu'il varie en genre et en nombre.

The article or the demonstrative determiner designates the object, person or animal in question.

They are distinguished in 3 categories: masculine, feminine and plural. It is therefore said to vary in gender and number.

Masculin singulier / male + single form	Ce, cet / this
Féminin singulier / female + single form	Cette / this
Masculin ou féminin pluriel / male or female + plural form	Ces / these

Par exemple / for example:

Masculin singulier / male + single form: Je veux acheter ce pain. I want to buy this bread.

Féminin singulier / female + single form: Cette pomme est rouge. This apple is red.

Masculin pluriel / male + plural form: Ces fruits sont bons. These fruits are tasty.

Féminin pluriel / female + plural form: Ces bières sont fortes. These beers are strong.

La forme au masculin singulier du déterminant démonstratif peut varier selon le mot. En effet, si le déterminant est suivi d'un mot commençant par une voyelle (a, e, i, o, u, y) ou un h muet, « ce » deviendra obligatoirement « cet ». Le « h muet » est un « h » qui ne se prononce et ne s'entend pas à l'oral, c'est pourquoi on dit qu'il est « muet ».

The masculine singular form of the demonstrative determiner can vary depending on the word. Indeed, if the determiner is followed by a word beginning with a vowel (a, e, i, o, u, y) or a silent h, "ce" will necessarily become "cet". The "silent h" is an "h" that is not pronounced or heard in speech, which is why it is called "silent".

Par exemple / for example:

Cet abricot this apricot

Cet oignon this onion

Cet habit this clothe

Cet homme this man

Adverbs of quantity

Quand on souhaite parler de quantité, il y a plusieurs manières de le faire. On peut utiliser les nombres pour désigner précisément combien il y en a, ou les adverbes de quantités qui désignent plus ou moins bien la quantité ou le volume de la chose. On peut dire que les adverbes de quantité de donne pas une quantité précise mais plutôt une idée de la quantité.

Les adverbes de quantité sont invariables. Cela veut dire qu'ils ne s'accordent pas avec le nom qu'ils définissent.

When we want to talk about quantity, there are several ways to do so. We can use numbers to indicate precisely how many there are, or quantity adverbs that indicate more or less the quantity or volume of the thing. It can be said that adverbs of quantity do not give a precise quantity but rather an idea of the quantity.

Adverbs of quantity are invariable. This means that they do not change with the noun they define.

Exemples d'adverbes de quantité / examples of adverbs of quantity:

Peu	Few, not much, very little
Assez	Enough
Beaucoup, énormément	A lot, many
Trop	Too many
Environ, à peu près	About
Approximativement	Approximately

Il y a peu de lait. There is very little milk.

Il y a encore beaucoup de farine. There is still a lot of flour.

Le croissant coûte environ 1 euro. The croissant costs about 1 euro.

Il y a assez de sucre pour faire un gâteau. There is enough sugar to make a cake.

Il y a énormément de pommes sur l'arbre. There are many apples on the tree.

Il y a à peu près 1 kilo de café. There are about 1 kilo of coffee.

Ce repas coûte approximativement 12 euros. This meal costs approximately 12 euros.

Il y a trop de monde au magasin. There are too many people in the store.

Interrogative pronouns

Il existe plusieurs formes de pronoms interrogatifs. Nous en avons déjà appris quelques-uns dans le chapitre 2 sur comment poser des questions (qui, que, quoi, où, pourquoi, comment) et comme tu les maîtrises déjà, nous allons directement passer aux nouveaux. Ils se divisent en 4 catégories et s'accordent en genre et en nombre: masculin singulier, féminin singulier, masculin pluriel et féminin pluriel. On utilise ces pronoms interrogatifs afin de poser des questions et pour interroger précisément sur l'identité de l'objet ou de la personne. Les pronoms interrogatifs remplacent un nom dans la phrase/question.

There are several forms of interrogative pronouns. We have already learned some of them in chapter 2 on how to ask questions (who, what, where, why, how) and since you have already mastered them, we will go straight to the new ones. They are divided into 4 categories and change in gender and number: masculine singular, feminine singular, masculine plural and feminine plural. These interrogative pronouns are used to ask questions and to ask about the identity of the object or person. Interrogative pronouns replace a noun in the sentence/question.

Masculin singulier / male + single form	Lequel, duquel, auquel / which
Féminin singulier / female + single form	Laquelle, de laquelle, à laquelle / which
Masculin pluriel / male + plural form	Lesquels, desquels, auxquels / which
Féminin pluriel / female + plural form	Lesquelles, desquelles, auxquelles / which

Exemples / examples:

1. Il y a deux vélos. Lequel est le tien ? / There are two bikes. Which one is yours?

   - « Lequel » reprend le mot « vélo » / "Which" is define by the word "bike".

1. J'adore la veste de ce magasin. Laquelle est-ce que tu aimes ? / I love the jacket from this store. Which one do you like?

   - « Laquelle » est définit par le mot « veste ». On pose cette question s'il y a en plusieurs et qu'on ne sait pas de laquelle on parle. / "Which" is define by the word "jacket". We ask this question if there are several and we do not know which one we are talking about.

The present forms of regular verbs

En français, les verbes sont divisés en 3 groupes: le 1er groupe, le 2ème groupe et le 3ème groupe. Les verbes réguliers sont tous compris dans le 1er et le 2ème groupe et ce sont ceux-ci que nous allons découvrir dans ce thème.

Les verbes du 1er groupe terminent tous par « **-er** » tandis que ceux du 2ème groupe terminent tous par « **-ir** ».

In French, verbs are divided into 3 groups: the 1st group, the 2nd group and the 3rd group. The regular verbs are all included in the 1st and 2nd group and it is these that we will discover in this topic.

The verbs of the 1st group all end in "**-er**" while those of the 2nd group all end in "**-ir**".

Voici comment les verbes du 1ᵉʳ groupe se conjuguent / Here is how the 1st group verbs are conjugated:

Manger – To eat	
Je mange	I eat
Tu manges	You eat
Il mange / elle mange / on mange	He eats / she eats / it eats
Nous mangeons	We eat
Vous mangez	You eat
Ils mangent / elles mangent	They eat

Martin a fait une petite liste des verbes du 1ᵉʳ groupe qu'il utilise régulièrement. Elle t'aidera sûrement dans ton quotidien. Apprends-les et essaies de les utiliser dans des phrases simples.

Martin has made a small list of 1st group verbs that he uses regularly. It will surely help you in your daily life. Learn them and try to use them in simple sentences.

Français	English
Manger	To eat
Chanter	To sing
Jouer	To play
Travailler	To work
Danser	To dance
Marcher	To walk
Aimer	To love

Appeler	To call
Acheter	To buy
Commencer	To begin
Créer	To create
Oublier	To forget
Payer	To pay
Pleurer	To cry
Apporter	To bring
Envoyer	To send
Gagner (à un jeu)	To win (a game)
Gagner (de l'argent)	To earn
Répéter	To repeat
Regarder	To look / to watch
Essuyer	To wipe
Fermer	To close
Penser	To think
Parler	To speak
Discuter	To chat
Crier	To yell
Nettoyer	To clean

Ranger	To tidy up
Laver	To wash
Cuisiner	To cook
Observer	To observe
Épeler	To spell
Enseigner	To teach
Prier	To pray

Voici comment les verbes du 2ème groupe se conjuguent / Here is how the 2nd group verbs are conjugated:

Réussir – to succeed	
Je réussis	I succeed
Tu réussis	You succeed
Il réussit / elle réussit / on réussit	He succeeds / she succeeds / it succeeds
Nous réussissons	We succeed
Vous réussissez	You succeed
Ils réussissent / elles réussissent	They succeed

Martin a aussi fait une petite liste des verbes du 2ème groupe qu'il utilise régulièrement. Elle t'aidera sûrement dans ton quotidien. Apprends-les et essaies de les utiliser dans des phrases simples.

Martin has also made a small list of verbs of the 2nd group that he uses regularly. It will surely help you in your daily life. Learn them and try to use them in simple sentences.

Français	English
finir	to finish
grandir	to grow up
bâtir	to build
guérir	to cure
saisir	to grab
réunir	to reunite
réussir	to succeed
vomir	to throw up
choisir	to choose
nourrir	to feed
vieillir	to get old
définir	to define
ralentir	to slow down
grossir	to gain weight
maigrir	to lose weight
agir	to act
garantir	to guarantee
réagir	to react
Mentir	To lie

Vocabulary

Fruits

Français	English
Le fruit	The fruit
La pomme	The apple
La poire	The pear
La banane	The banana
La fraise	The strawberry
La framboise	The raspberry
La mûre	The blackberry
La myrtille	The blueberry
La pêche	The peach
L'abricot	The apricot
L'ananas	The pineapple
La mangue	The mango
La noix de coco	The coconut
La papaye	The papaya
La cerise	The cherry
Le citron	The lemon
Le citron vert / La limette	The lime

La rhubarbe	The rhubarb
La groseille	The redcurrant
Le fruit du dragon	The dragon fruit
Le raisin	The grape
Le kiwi	The kiwi
L'orange	The orange
La mandarine	The mandarin
La prune	The plum
La mirabelle	The mirabelle plum
L'avocat	The avocado
Le kaki	The persimmon
La grenade	The pomegranate
Le pamplemousse	The grapefruit
Le melon	The melon
La pastèque	The watermelon
Le litchi	The lychee
La figue	The fig
Le cassis	The blackcurrant
La châtaigne	The chestnut
La goyave	The guava

Le kumquat	The kumquat
La noix	The walnut
La noisette	The hazelnut
La noix de cajou	The cashew nut

Vegetables

Français	English
Le légume	The vegetable
La carotte	The carrot
La tomate	The tomato
La salade	The salad
Le petit pois	The pea
Le poireau	The leek
L'oignon	The onion
L'ail	The garlic
La courge	The pumpkin
Le radis	The radish
Le poivron	The bell pepper
La courgette	The zucchini
L'aubergine	The eggplant
L'épinard	The spinach

Le chou-fleur	The cauliflower
Le brocoli	The broccoli
Le chou	The cabbage
Le chou rouge	The red cabbage
Le chou de Bruxelles	The brussel sprout
Le chou chinois	The Chinese cabbage
La patate / la pomme de terre	The potato
La betterave	The beetroot
Le panais	The parsnip
L'artichaut	The artichoke
L'endive	The endive
L'échalote	The shallots
Le concombre	The cucumber
L'asperge	The aspargus
Le haricot	The bean
Le céleri	The celery
Le navet	The turnip
Le fenouil	The fennel
Le gingembre	The ginger
La laitue	The lettuce

La patate douce	The sweet potato
La roquette	The arugula
Le topinambour	The Jerusalem artichoke
L'olive	The olive

Food (that can be found in a supermarket)

Français	English
La nourriture	The food
Le pain	The bread
La baguette	The baguette
Le croissant	The croissant
Le pain au chocolat	The chocolate bread
La viennoiserie	The pastry
Le fromage	The cheese
La fromage de chèvre	The goat cheese
Le bleu	The blue cheese
La raclette	The raclette
La viande	The meat
Le bœuf	The beef
Le porc	The pork
Le poulet	The chicken

L'agneau	The lamb
Le cheval	The horse
Le poisson	The fish
Le cabillaud	The codfish
Le saumon	The salmon
Le thon	The tuna
Le tofu	The tofu
Le soja	The soy
Le lait	The milk
Le yaourt	The yogurt
Le thé	The tea
Le café	The coffee
L'eau	The water
Le sirop	The syrup
Les pâtes	The pasta
La farine	The flour
Le sucre	The sugar
Le beurre	The butter
Le sel	The salt
Le poivre	The pepper

Le gâteau	The cake
Le biscuit	The cookie
Le bonbon	The candy
Le chocolat	The chocolate
Le vin	The wine
La bière	The beer
La mayonnaise	The mayonnaise
La moutarde	The mustard
Les céréales	The cereals
Le sirop d'érable	The mapple syrup
La confiture	The jam
Le miel	The honey
Les chips	The chips
La poudre à lever	The baking powder
Le riz	The rice
Les lentilles	The lentils
Les pois chiches	The chickpeas
Les crevettes	The shrimp
Les moules	The mussels
Les frites	The fries

La crème	The cream
Les épices	The spices
Le jambon	The ham
Le salami	The salami
Le lard	The bacon
Les sushis	The sushis
Les nouilles	The noodles
Les raviolis	The raviolis
Les gnocchis	The gnocchis
La pâte feuilletée	The puff pastry
La sauce	The sauce
Les cornichons	The gherkins
L'œuf	The egg
La pâte à gâteau	The dough
La pizza	The pizza
Le burger	The hamburger

Exercises

Exercise 7

Surligne le bon article dans les phrases ci-dessous.

Highlight the correct article in the sentences below.

1. Cette / Cet pêche est mure.
2. Cette / Ces pizzas sont végétariennes.
3. Martin achète ce / cet pain pour le petit-déjeuner.
4. Ce / Cet ananas coûte 3 euros.
5. Cette / Cet homme mange ces / ce fruits.
6. Il n'y a pas de confiture dans ce / cet magasin.
7. Au marché, je ne trouve pas ce / ces produit que j'aime tant.
8. Il y a uniquement dans cet / ce magasin asiatique que je trouve de bonnes nouilles.
9. Dans cet / cette boulangerie, il y a de très bonnes brioches.
10. Cet / Cette boisson est la préférée de ma sœur.

Exercise 8

Conjugue les verbes du 1er groupe.

Conjugate the verbs of the 1st group.

	He eats
	We sing
	I play
	You cry (singular)
	You forget (plural)
	They pay
	She yells
	I love

	You call (singular)
	We dance
	You walk (plural)
	They teach
	I bring
	She earns
	We win

Exercise 9

Conjugue les verbes du 2ème groupe.

Conjugate the verbs of the 2ème group.

	You finish (plural)
	He acts
	They react
	I cure
	We grab
	You grow up (singular)
	She chooses
	They define
	I guarantee
	We lose weight
	You build (plural)

	She throws up
	He slows down
	They gain weight
	We get old

Exercise 10

Traduis les phrases ci-dessous.

Translate the sentences below.

1. I eat this apple.

_____

1. Martin buys juice at the market.

_____

1. There is good cheese at the store.

_____

1. The bread in this bakery is delicious.

_____

1. This butcher shop offers beef.

_____

Traditional French meals

La France est un pays reconnu pour plusieurs choses mais ce qui la rend aussi célèbre, c'est probablement sa nourriture. On dit souvent que la France est le pays de la gastronomie. D'ailleurs, Martin va souvent manger au restaurant car la nourriture vendue y est de grande qualité et délicieuse. De petits restaurants français se trouvent à tous les coins de rue pour ravir les papilles des gourmands.

Il existe d'ailleurs un film qui montre très bien ce qu'est la gastronomie française: Ratatouille. N'hésites pas à le regarder en français afin de te plonger dans ce bel univers qu'est la restauration à Paris.

France is a country known for many things but what makes it so famous is probably its food. It is often said that France is the country of gastronomy. In fact, Martin often goes to eat out because the food sold there is of high quality and delicious. There are small French restaurants on every corner to delight the taste buds of the gourmets.

There is a movie that shows very well what is the French gastronomy: Ratatouille. Do not hesitate to watch it in French in order to immerse yourself in the beautiful world of Parisian hospitality.

French "crêpes" recipe

Pendant son voyage, Martin a remarqué que dans chaque petite ville, il y avait au moins une crêperie pour déguster les fameuses crêpes. C'est surtout en Bretagne qu'il a goûté les meilleures crêpes car c'est un plat qui vient de là-bas. Martin te donne la recette afin que tu puisses l'essayer chez toi et la faire goûter à tes proches.

During his trip, Martin noticed that in every small town there was at least one crêperie where he could taste the famous crêpes. He tasted the best crêpes in Brittany, because it is a dish that comes from there. Martin gives you the recipe so that you can try it at home and let your friends and family taste it.

Ingrédients / ingredients:

1 kilo de farine de sarrasin / 1 kilo buckwheat flour

25 grammes de sel / 25 grams of salt

2 litres d'eau / 2 litres of water

Préparation / preparation:

1. Dans un saladier ou un grand bol, versez 1 kilo de farine de sarrasin et les 25 grammes de sel. / In a salad bowl or large bowl, pour 1 kilo of buckwheat flour and the 25 grams of salt together.

2. Ajoutez petit à petit les 2 litres d'eau dans le mélange de farine et de sel tout en remuant bien afin que la texture soit homogène. Vous pouvez mélanger avec une spatule en bois ou un fouet électrique par exemple. / Gradually add the 2 litres of water to the flour and salt mixture, stirring well to ensure a smooth texture. You can mix with a wooden

spatula or an electric whisk for example.

3. Laissez la pâte reposer 1 heure au réfrigérateur. / Leave the batter to rest for 1 hour in the refrigerator.

4. Chauffez une poêle avec un fond d'huile ou de beurre. Dès que la poêle est bien chaude, versez une petite louche de pâte et faites en sortes que la pâte se déverse dans tout le fond de la poêle. / Heat a pan with a little oil or butter. As soon as the pan is hot, pour in a small ladleful of batter and make sure that the batter flows to the bottom of the pan.

5. Dès que des petites bulles se créent à la surface de votre crêpe, vous pouvez la retourner pour cuire l'autre côté. / As soon as small bubbles appear on the surface of your pancake, you can flip it over to cook the other side.

6. Dégustez votre crêpe de façon sucrée ou salée. / Enjoy your crepe as a sweet or savoury treat.

Anecdote / fun fact:

En Bretagne, ils boivent du cidre dans des tasses en mangeant des crêpes salées et sucrées.

In Brittany, they drink apple cider from cups while eating sweet and savory crepes.

Chapter 5: Going Sightseeing

Poursuis ton apprentissage du français avec Martin en allant faire du tourisme et des visites guidées en France. De l'achat d'un ticket de métro à la réservation d'une visite guidée dans un musée, Martin t'expliquera tout ce qu'il sait afin de te faciliter la vie une fois sur place.

Continue learning French with Martin by going sightseeing in France. From buying a metro ticket to booking a guided tour in a museum, Martin will explain everything he knows to make your life easier once you are there.

Functions

Giving directions around town

Martin s'est souvent perdu dans des grandes villes et il a dû parfois demander son chemin à des inconnus. Grâce à quelques phrases en français, il a su se débrouiller pour demander et comprendre ce que les gens lui indiquaient. Ci-dessous, voici quelques exemples de direction que les gens rencontrés lui ont donnés.

Martin often got lost in big cities and sometimes had to ask strangers for directions. With a few phrases in French, he managed to ask and understand what people were telling him. Below are some examples of the directions that people have given him.

Français	English
Allez à droite	Go to the right way
Tournez à droite	Turn right
Avancez jusqu'à...	Move forward to...
Continuez tout droit	Continue straight on
Marchez jusqu'à...	Walk up to the...
Retournez à...	Go back to the...
Allez vers ...	Go towards...
Prenez la rue...	Take the street...
Cela se situe de l'autre côté de la rue...	This is on the other side of the street...
Il vous suffit de traverser la rue...	Just cross the street...

Asking for the location of a building

Dans la liste ci-dessous, Martin t'a préparé quelques phrases afin que tu puisses demander ton chemin à quelqu'un.

In the list below, Martin has prepared some sentences for you to ask someone for directions.

Français	English
Je suis pserdu.	I am lost.
Excusez-moi	Excuse me
Pouvez-vous m'indiquer où se trouve... ?	Can you tell me where can I find...?

Français	English
Dans quelle direction dois-je aller pour rejoindre la gare ?	Which way do I have to go to get to the train station?
Où est... ?	Where is...?
Où est-ce que je peux trouver... ?	Where can I find ...?
Savez-vous où se trouve l'hôtel ... ?	Do you know where the hotel... is located?
Pouvez-vous me montrer où est... ?	Can you show me where is... ?

To ask for tickets/price of tickets

Dans les grandes villes que Martin a visité, il a souvent pris le bus, le tram et le métro pour rejoindre un musée, une exposition ou simplement pour aller regarder un film au cinéma avec des amis.

In the big cities Martin visited, he often took the bus, tram and metro to reach a museum, an exhibition or simply to watch a film in the cinema with friends.

Français	English
Quelle est le prix pour visiter cette exposition ?	How much does it cost to visit this exhibition?
Combien coûte un ticket de métro ?	How much does a metro ticket cost?
Quel est le prix de ... ?	What is the price for the ...?
Est-ce que je peux avoir une entrée pour le film de ce soir ?	Can I get a ticket for tonight's movie?
Est-ce qu'il y a encore des places pour le concert de samedi ?	Are there still tickets available for the concert on Saturday?

Est-ce qu'il y a un rabais pour les étudiants ?	Is there a discount for students?

Dialogue: a train ticket to Lyon

Dans ce dialogue, tu pourras analyser la situation que Martin a vécu afin d'acheter un ticket de train pour aller à Lyon depuis Paris. Entraine ce dialogue seul ou avec quelqu'un afin que tu puisses améliorer ta prononciation et te mettre dans la peau de Martin. En pratiquant ton oral de cette manière, cela te préparera à la réalité lors d'un prochain voyage dans un pays francophone.

In this dialogue, you can analyze the situation Martin experienced in order to buy a train ticket to Lyon from Paris. Practice this dialogue on your own or with someone else so that you can improve your pronunciation and put yourself in Martin's shoes. Practicing your speaking in this way will prepare you for the reality of a future trip to a French-speaking country.

Martin: Bonjour, Madame. Je souhaiterais obtenir des informations sur le prochain train qui va à Lyon, gare de Perrache.

L'employée de la SNCF: Bonjour, Monsieur. Depuis quelle gare à Paris souhaitez-vous partir ?

Martin: Je souhaiterais partir depuis la gare du Nord.

L'employée de la SNCF: Le prochain train depuis la gare du Nord jusqu'à la gare de Perrache à Lyon part dans 1h20 sur le quai numéro 7.

Martin: Très bien. Je vais prendre ce train. Combien coûte le billet ?

L'employée de la SNCF: Le billet coûte 25 euros pour un tarif normal.

Martin: Est-ce qu'il y a un rabais pour les étudiants ?

L'employée de la SNCF: Oui, sur présentation de votre carte d'étudiant, le trajet vous coûtera uniquement 19 euros.

Martin: Voici ma carte d'étudiant et voici les 19 euros.

L'employée de la SNCF: Merci, Monsieur. Voici votre ticket pour Lyon. Bonne journée et au revoir.

Martin: Merci, pareillement. Au revoir.

Martin: Hello, Madam. I would like to get information about the next train to Lyon, Perrache station.

The SNCF staff member: Hello, Sir. From which station in Paris do you wish to depart?

Martin: I would like to leave from the Gare du Nord.

The SNCF staff member: The next train from Gare du Nord to Perrache station in Lyon leaves in 1h20 on platform 7.

Martin: I will take this train. How much is the ticket?

The SNCF staff member: The ticket costs 25 euros for a normal fare.

Martin: Is there a discount for students?

The SNCF staff member: Yes, on presentation of your student card, the journey will only cost you 19 euros.

Martin: Here is my student card and here are the 19 euros.

The SNCF staff member: Thank you, sir. Here is your ticket to Lyon. Have a good day and goodbye.

Martin: Thank you, likewise. Bye-bye.

Grammar

Adverbs of place

Lorsque tu demandes ta direction ou si tu veux renseigner un passant sur un lieu, les adverbes de lieu te seront très utile. Ils sont indispensables lorsque tu veux décrire où se trouve un endroit.

When you ask for directions or want to tell a passer-by about a place, adverbs of place are very useful. They are essential when you want to describe where a place is.

Français	English
A l'intérieur de...	Inside the...
A l'extérieur de...	Outside the...
Dehors	Outside
Dedans	Inside

Au-dessus	Above, on top
En haut	Up, upstairs
Au-dessous	Below
En bas	Below, downstairs
Sur	On
Contre	Against
Devant, en avant	In front of, forward
Derrière, en arrière	Behind, back to, backwards
Là-haut	Upstairs
Ailleurs	Elsewhere
Autour de	Around the
Ici	Here
Là-bas	There, over there
Loin	Far, far away
Partout	Everywhere
Tout près	Close by, nearby
Tout proche	Very close
Quelque part	Somewhere
Nulle part	Nowhere

Conjugation of auxiliary verbs

En français, il existe deux verbes auxiliaires: avoir et être. Les verbes auxiliaires s'utilisent lorsqu'on utilise un temps composé comme le « passé composé », le « plus-que-parfait » ou encore le « futur antérieur » dans une phrase.

In French, there are two auxiliary verbs: to have and to be. Auxiliary verbs are used when a compound tense such as "passé composé", "plus-que-parfait" or "futur antérieur" is used in a sentence.

Auxiliaire avoir – Auxiliary to have		
Présent - present	**Imparfait - past**	**Futur - future**
J'ai	J'avais	J'aurai
Tu as	Tu avais	Tu auras
Il a, elle a, on a	Il avait, elle avait, on avait	Il aura, elle aura, on aura
Nous avons	Nous avions	Nous aurons
Vous avez	Vous aviez	Vous aurez
Ils ont, elles ont	Ils avaient, elles avaient	Ils auront, elles auront
Auxiliaire être – Auxiliary to be		
Présent - present	**Imparfait - past**	**Futur - future**
Je suis	J'étais	Je serai
Tu es	Tu étais	Tu seras
Il est, elle est, on est	Il était, elle était, on était	Il sera, elle sera, on sera

Nous sommes	Nous étions	Nous serons
Vous êtes	Vous étiez	Vous serez
Ils sont, elles sont	Ils étaient, elles étaient	Ils seront, elles seront

Quand une forme de verbe utilise un auxiliaire, il y aura automatiquement ensuite un verbe qui suit comme appelle un « participe passé ». Les participes passés ne se conjuguent pas selon le temps utilisé. Seul l'auxiliaire se conjugue par exemple au « passé composé », au « plus-que-parfait » ou au « futur antérieur ». La forme du participe passé ne change pas, sauf pour s'accorder en genre et en nombre dans certaines situations.

When a verb form uses an auxiliary, there will automatically be a verb that follows as a "past participle". Past participles are not conjugated according to the tense used. Only the auxiliary is conjugated, for example, in the "passé composé", "plus-que-parfait" or "futur antérieur". The form of the past participle does not change, except to agree in gender and number in certain situations.

Généralement, les participes passés des verbes du 1er groupe se termineront en « é ».

Generally, the past participles of verbs of the 1st group will end in "é".

Par exemple / for example:
1. J'ai aimé I have loved
2. Nous avions chanté We had sang
3. Il aura pleuré He will have cried

Quant à eux, les participes passés des verbes du 2ème groupe se termineront la plupart du temps en « i ».

As for them, the past participles of the verbs of the 2nd group will most of the time end in "i".

Par exemple / for example:
1. Je suis parti I have left
2. Tu avais grossi You had gained weight
3. Vous aurez menti You will have lied

Verb moods

Dans la langue française, les modes verbaux sont divisés en 4 catégories bien distinctes: l'indicatif, impératif, le subjonctif et le conditionnel. Martin est un spécialiste dans le domaine alors il t'a mis un tableau en dessous de chaque mode avec un exemple à chaque fois pour que tu puisses avoir un aperçu du mode et du temps.

In the French language, the verbal moods are divided into 4 distinct categories: indicative, imperative, subjunctive, and conditional. Martin is a specialist in the field, so he has put a table below each mood with an example for you to get an overview of the mood and the tense.

L'indicatif comprend 8 temps: le présent, l'imparfait, le futur simple, le passé simple, le passé composé, le plus-que-parfait, le futur antérieur et le passé antérieur. Les 4 premiers temps sont des temps simple et les 4 derniers sont des temps composés. Les temps composés se conjuguent avec l'auxiliaire être ou avoir comme vu dans le chapitre précédent. On emploie généralement ce mode pour exprimer une action, quelque chose de réel ou quelque chose dont on est certain de réaliser.

The indicative tense is made up of 8 tenses: the present, the imperfect, the future simple, the past simple, the past compound, the past perfect, the future anterior, and the past anterior. The first 4 tenses are simple and the last 4 are compound. The compound tenses are conjugated with the auxiliary to be or to have, as seen in the previous chapter. This mode is generally used to express an action, something real, or something that is certain to happen.

Aimer – to love	
Indicatif	
Présent	J'aime
Imparfait	J'aimais
Futur simple	J'aimerai

Passé simple	J'aimai
Passé composé	J'ai aimé
Plus-que-parfait	J'avais aimé
Futur antérieur	J'aurai aimé
Passé antérieur	J'eus aimé

L'impératif comprend deux temps: l'impératif présent et l'impératif passé. Martin a remarqué qu'il n'utilisait jamais l'impératif passé car les français ne l'utilisent pas du tout à l'oral et quasiment jamais à l'écrit. Il te recommande donc de te concentrer uniquement sur l'impératif présent. On utilise ce mode pour donner un ordre.

The imperative has two tenses: the present imperative and the past imperative. Martin noticed that he never used the past imperative because the French do not use it at all in speech and hardly ever in writing. He, therefore, recommends that you concentrate only on the present imperative. It is used to give an order.

Aimer – to love	
Impératif	
Impératif présent	Aimes, aimons, aimez
Impératif passé	Aie aimé, ayons aimé, ayez aimé

Le subjonctif est un mode comprenant 4 temps: le subjonctif présent, le subjonctif passé, le subjonctif imparfait et le subjonctif plus-que-parfait. Avec son expérience, Martin peut t'assurer que le seul temps qui te sera utile est le subjonctif présent. Les 3 autres temps ne sont jamais utilisé à l'oral et que très peu par écrit. Ils étaient plutôt utilisés à l'époque par des écrivains, donc tu les rencontreras uniquement si tu t'intéresses à la littérature française. Ce mode exprime une hypothèse, une envie ou une action envisagée.

The subjunctive is a mode consisting of 4 tenses: the present subjunctive, the past subjunctive, the imperfect subjunctive, and the perfect subjunctive. With his experience, Martin can assure you that the only tense that will be useful to you is the present subjunctive. The other three tenses are never used orally and only rarely in writing. They were used by writers before, so you will only come across them if you are interested in French literature. This mode expresses a hypothesis, a desire, or a planned action.

Aimer – to love	
Subjonctif	
Subjonctif présent	Que j'aime
Subjonctif passé	Que j'aie aimé
Subjonctif imparfait	Que j'aimasse
Subjonctif plus-que-parfait	Que j'eusse aimé

Le conditionnel compte 2 temps: le conditionnel présent et le conditionnel passé. Le conditionnel présent est très utilisé pour exprimer une action soumise à une condition. Ce temps est souvent combiné avec la forme « si ». Le conditionnel passé est moins utilisé mais tu pourras parfois l'entendre à l'oral ou le lire.

The conditional has 2 tenses: the present conditional and the past conditional. The present conditional is widely used to express an action subject to a condition. This tense is often combined with the form "if". The past conditional is less used, but you can sometimes hear it orally or read it.

Aimer – to love	
Conditionnel	
Conditionnel présent	J'aimerais
Conditionnel passé	J'aurais aimé

The present forms of irregular verbs

Les verbes irréguliers sont classés dans les verbes du 3ème groupe. Les verbes du 3ème groupe ont différentes terminaisons: -ir (certains verbes avec cette terminaison ne peuvent pas être conjugué comme ceux du 2ème groupe), -re, -oir, -dre, -tre, -ttre.

Irregular verbs are classified as 3rd group verbs. The verbs of the 3rd group have different endings: -ir (some verbs with this ending cannot be conjugated like those of the 2nd group), -re, -oir, -dre, -tre, -ttre.

Français	English
Ouvrir	To open
Dormir	To sleep
Pouvoir	To can
Valoir	To worth
Vouloir	To want
Ecrire	To write
Boire	To drink
Prendre	To take
Apprendre	To learn
Connaître	To know
Paraître	To appear
Se battre	To beat
Mettre	To put
Admettre	To admit

Permettre	To allow
Transmettre	To transmit
Corrompre	To bribe
Rompre	To break up
Accueillir	To welcome
Cueillir	To pick
Aller	To go
Attendre	To wait
Asseoir	To sit
Conduire	To drive
Cuire	To cook
Promettre	To promise
Entendre	To hear
Faire	To do
Lire	To read

Martin a préparé pour toi des petits tableaux avec des exemples de conjugaison selon les différentes terminaisons.

Martin has prepared small tables for you with examples of conjugations according to the different endings.

Les terminaisons en -ir / the endings in -ir:

Dormir – to sleep	
Je dors	I sleep
Tu dors	You sleep
Il dort, elle dort, on dort	He sleeps, she sleeps, it sleeps
Nous dormons	We sleep
Vous dormez	You sleep
Ils dorment, elles dorment	They sleep

Les terminaisons en -re / the endings in -re :

Faire – to do	
Je fais	I do
Tu fais	You do
Il fait, elle fait, on fait	He does, she does, it does
Nous faisons	We do
Vous faites	You do
Ils font, elles font	They do
Lire – to read	
Je lis	I read
Tu lis	You read
Il lit, elle lit, on lit	He reads, she reads, it reads
Nous lisons	We read

Vous lisez	You read
Ils lisent, elles lisent	They read
Boire – to drink	
Je bois	I drink
Tu bois	You drink
Il boit, elle boit, on boit	He drinks, she drinks, it drinks
Nous buvons	We drink
Vous buvez	You drink
Ils boivent, elles boivent	They drink

Les terminaisons en -oir / the endings in -oir:

Vouloir – To want	
Je veux	I want
Tu veux	You want
Il veut, elle veut, on veut	He wants, she wants, it wants
Nous voulons	We want
Vous voulez	You want
Ils veulent, elles veulent	They want

Les terminaisons en -dre / the endings in -dre:

Prendre – to take	
Je prends	I take
Tu prends	You take
Il prend, elle prend, on prend	He takes, she takes, it takes
Nous prenons	We take
Vous prenez	You take
Ils prennent, elles prennent	They take

Les terminaisons en -tre / the endings in -tre:

Connaître - to know	
Je connais	I know
Tu connais	You know
Il connait, elle connait, on connait	He knows, she knows, it knows
Nous connaissons	We know
Vous connaissez	You know
Ils connaissent, elles connaissent	They know

Les terminaisons en -ttre / the endings in -ttre:

Promettre – to promise	
Je promets	I promise
Tu promets	You promise
Il promet, elle promet, on promet	He promises, she promises, it promises
Nous promettons	We promise
Vous promettez	You promise
Ils promettent, elles promettent	They promise

Attention, le verbe aller est un verbe très particulier et irrégulier. Voici comment tu peux le conjuguer à l'indicatif présent.

Watch out; the verb to go is a very particular and irregular verb. Here is how you can conjugate it in the present tense.

Aller – to go	
Je vais	I go
Tu vas	You go
Il va, elle va, on va	He goes, she goes, it goes
Nous allons	We go
Vous allez	You go
Ils vont, elles vont	They go

Vocabulary

Transportation

Français	English
Le bus	The bus
La voiture	The car
Le tram	The tramway
Le métro	The subway
Le train	The train
Le bateau	The boat
Le vélo	The bike
À pied	By foot
Le taxi	The taxi
Le scooter	The scooter
La trotinette	The trotinette
Le car	The coach

Giving directions

Français	English
A droite	On the right
A gauche	On the left
Tout droit	Straight ahead

Français	English
La direction	The direction
Traverser...	Cross...
Le trottoir	The sidewalk
A côté de...	Next to...
En face de...	In front of...
Avancer jusqu'à...	Move forward to...
Le passage piéton	The crosswalk
Aller à...	Go to...
Derrière...	Behind...
Nord	North
Sud	South
Est	East
Ouest	West

Buildings in town

Français	English
La gare	The train station
La station de bus	The bus station
La mairie	The town hall
Le parc	The park
Le pont	The bridge

L'église	The church
Le magasin	The shop
Le centre commercial	The shopping center
Le supermarché	The supermarket
Le restaurant	The restaurant
Le bar	The pub
Le cinéma	The cinema
Le théâtre	The theater
Le musée	The museum
La pharmacie	The pharmacy
La prison	The jail / The prison
Le commissariat	The police station
La station essence	The gas station
La rue	The street
Le boulevard	The boulevard
La place	The square
L'avenue	The avenue

Time expressions for the present

Français	English
Aujourd'hui	Today
Chaque matin / tous les matins	Every morning
Chaque après-midi, tous les après-midis	Every afternoon
Chaque soir, tous les soirs	Every evening
Chaque nuit, toutes les nuits	Every night
Pendant le week-end, ce week-end	At the weekend
Les mardis, tous les mardis	On Tuesdays
Les dimanches, tous les dimanches	On Sundays
Dans la matinée, le matin	In the morning
Dans l'après-midi, l'après-midi	In the afternoon
Dans la soirée, le soir	In the evening
Dans la nuit, la nuit	At night
Durant la nuit	During the night
Toujours	Always
Souvent	Often
Parfois	Sometimes
Rarement	Rarely

Jamais ou presque, pratiquement jamais	Hardly ever
Jamais	Never
Toute la nuit	All night long
Toute la journée	All day long

Exercises

Exercise 11

Complète la phrase en utilisant le bon mot de la liste ci-dessous.

Complete the sentence using the correct word from the list below.

La liste / the list:

Souvent / jamais / toute la journée / toute la nuit / toujours / tous les mardis

1. Je ne vais _____ au cinéma, car je déteste cela.

2. Une fois par semaine, _____, elle va à son cours de danse.

3. Noémie est la meilleure étudiante de son école. Elle étudie _____.

4. Lucien ne va pas _____ au restaurant car il n'a pas beaucoup d'argent.

5. Pour l'anniversaire de Julie, nous allons danser _____ dans une discothèque.

6. Je vais _____ à la bibliothèque lorsque j'ai envie de lire un livre.

Exercise 12

Complète la phrase en utilisant le bon mot de la liste ci-dessous.

Complete the sentence using the correct word from the list below.

La liste / the list:

La gare / au cinéma / au supermarché / la pharmacie / au parc / au bar / la rue / la station essence / au restaurant / au musée

1. Je vais faire mes courses _____.

2. Martin va se balader _____ tous les matins.

3. Sylvain a loué une voiture et doit remettre de l'essence à _____.

4. Emma va boire une bière _____ avec des copines.

5. Justin va acheter des médicaments à _____.

6. Béatrice et Gilles mangent une crêpe _____.

7. Louise va voir une exposition d'art _____.

8. Tristan va prendre le train à _____.

9. Romain et Maël vont _____ voir un film d'horreur.

10. Mon appartement se situe proche de _____ Rivoli.

Quiz

Afin d'évaluer tes connaissances et pour que tu te rendes comptes de tout ce que tu as déjà appris, Martin t'as préparé un petit quiz sur les chapitres 1 à 5. Réponds aux questions ci-dessous en essayant de ne pas regarder ton livre. Ce n'est bien évidemment pas grave de faire des erreurs, cela te permettra de voir ce que tu dois encore réviser afin de maîtriser ces 5 premiers chapitres.

Martin a fait exprès d'écrire les questions en français. Si tu ne les comprends pas, tu peux aller regarder la traduction en anglais dans la partie des réponses.

Bonne chance!

To test your knowledge and to see how much you have already learned, Martin has prepared a short quiz on chapters 1 to 5. Answer the questions below while trying not to look at your book. It is, of course, okay to make mistakes, it will help you to see what you still need to revise in order to master these first five chapters.

Martin wrote the questions in French on purpose. If you do not understand them, you can look at the English translation in the answers section.

Good luck!

1. Quel est l'ordre des mots dans une phrase simple ?

    _____

2. Ecris les chiffres de 1 à 10.

    _____

3. Cite 3 manières de saluer quelqu'un.

    _____

4. Présente-toi en 3 phrases.

    _____
    _____
    _____
    _____

5. Quel est l'ordre des mots dans une question avec la forme « est-ce que » ?

    _____

6. Pose les 3 questions qui réponds à ces 3 affirmations:

    Emilie a 54 ans. Elle habite en Suisse. Elle travaille en tant qu'infirmière à l'hôpital.

    _____
    _____
    _____
    _____

7. Ecris 3 questions pour: réserver une chambre à l'hôtel / demander le prix de la chambre / connaître le numéro de la chambre.

    _____
    _____
    _____
    _____

8. Traduis la phrase suivante: There are 3 persons in my dorm.

---

9. Tu souhaites acheter des souvenirs pour ta famille mais tu ne sais pas où en trouver. Pose la question afin de savoir où en trouver.

---

10. Quelles sont les terminaisons des verbes du 1er groupe et du 2ème groupe ?

---

11. Tu es perdu. Pose une question afin de demander ton chemin pour rejoindre la gare.

---

12. Réserve un billet de train pour aller à Marseille.

Chapter 6: Having a House Party

Si tu décides de faire un séjour prolongé en France, tu auras l'occasion de te faire pleins d'amis et donc de faire la fête avec eux. Ce chapitre t'aidera à organiser une super soirée grâce au vocabulaire spécifique.

If you decide to stay in France for a long time, you will have the opportunity to make lots of friends and to party with them. This chapter will help you to organize a great party with specific vocabulary.

Functions

Describing people's appearances and personalities

Pour décrire l'apparence ou la personnalité des gens, tu peux utiliser les phrases simples avec comme structure: sujet + verbe + complément.

To describe the appearance or personality of people, you can use simple sentences with the structure: subject + verb + complement.

Par exemple / for example:

Il est gentil. He is nice

Elle est intelligente. She is clever.

Martin est grand. Martin is tall.

Hélène est sportive. Hélène is sporty.

Tu peux aussi utiliser les déterminants démonstratifs pour décrire quelqu'un que tu ne connais pas.

You can also use demonstrative determiners to describe someone you do not know.

Par exemple / for example:

Cette femme est forte. This woman is strong.

Cet homme est beau. This man is beautiful.

Cette fille est jolie. This girl is pretty.

Ce garçon est curieux. This boy is curious.

Describing your family

Souvent, quand on rencontre des gens, un sujet de conversation qui revient souvent est la famille. Martin l'a remarqué et c'est pour cela qu'il tenait à faire un chapitre et une liste de vocabulaire sur ce thème. Il va te décrire sa famille afin que tu puisses le faire aussi.

Often, when you meet people, a topic of conversation that comes up is the family. Martin has noticed this, and that is why he wanted to make a chapter and a vocabulary list on this topic. He is going to describe his family to you so that you can do the same.

Voici ce que Martin dit en général quand il parle de sa famille / This is what Martin usually says when he talks about his family:

J'ai un grand frère et une petite sœur.

Mon frère à 27 ans et ma sœur 19 ans.

Mon frère habite à Liverpool avec son copain et ma sœur habite toujours chez mes parents à Londres.

Mon frère travaille en tant qu'informaticien et ma sœur fait des études pour devenir architecte.

Ma maman travaille en tant qu'avocate et mon papa travaille en tant que maçon.

I have a big brother and a little sister.

My brother is 27 years old, and my sister is 19 years old.

My brother lives in Liverpool with his boyfriend, and my sister still lives at my parent's in London.

My brother works as an IT specialist, and my sister is studying to become an architect.

My mum works as a lawyer, and my dad works as a bricklayer.

Dialogue: the organization of a house party

Suite à son voyage en France, Martin a décidé d'y rester plus longtemps et de poursuivre son cursus universitaire pendant 1 an à Lyon. Il habite dans un appartement et a décidé d'organiser une fête chez lui. Pratique ce dialogue avec quelqu'un ou seul afin d'améliorer ta prononciation et de te plonger dans une situation concrète.

Following his trip to France, Martin decided to stay longer and continue his university studies for a year in Lyon. He lives in a flat and has decided to organize a party at his house. Practice this dialogue with someone or on your own to improve your pronunciation and to immerse yourself in a real-life situation.

Martin: Salut Stéphane, j'organise une petite soirée chez moi samedi. Est-ce que tu es partant ?

Stéphane: Salut Martin, merci pour l'invitation. Je viendrai avec plaisir. A quelle heure commence la fête ?

Martin: Tu peux venir chez moi à partir de 21 heures. Il y aura aussi Marion, Fabrice, Lucie et Tom.

Stéphane: Génial, je me réjouis ! Est-ce que je peux apporter quelque chose ?

Martin: Je mettrai à disposition des chips et des bières. Si tu veux prendre autre chose, tu peux.

Stéphane: Je prendrai du vin avec moi. Est-ce que tu as ce qu'il faut pour mettre de la musique ?

Martin: Du vin ça sera parfait. Merci beaucoup. Oui j'ai tout ce qu'il faut pour la musique, j'ai une super sono.

Stéphane: Parfait, alors à samedi soir !

Martin: A samedi !

Martin: Hi Stéphane, I'm organizing a little party at my place on Saturday night. Are you up for it?

Stéphane: Hi Martin, thanks for the invitation. I will be happy to come. What time does the party start?

Martin: You can come to my house from 9 pm. There will also be Marion, Fabrice, Lucie, and Tom.

Stéphane: Great, I'm looking forward to it! Is there anything I can bring?

Martin: I will provide chips and beer. If you want to take something else, you can.

Stéphane: I will take some wine with me. Do you have what it takes to play music?

Martin: Wine will be fine. Thank you very much. Yes, I have got everything you need for music, I have got a great sound system.

Stéphane: Great, so see you Saturday night!

Martin: See you on Saturday!

Grammar

Direct and indirect object pronouns

En français, tout comme en anglais d'ailleurs, on utilise des pronoms complément direct afin de ne pas répéter un mot. Cela rend la phrase plus riche et plus agréable à lire ou à entendre. Le pronom remplace dans la phrase une chose ou une personne. Pour le trouver, on peut utiliser la question « qui ? » ou « quoi ?».

In French, as in English, direct complement pronouns are used to avoid repeating a word. This makes the sentence richer and more pleasant to read or hear. The pronoun replaces a thing or a person in the sentence. To find it, you can use the question "who" or "what".

Par exemple / for example:

Ma fille nourrit <u>son chat</u>. Ma fille <u>le</u> nourrit. = My daughter feeds <u>her cat</u>. My daughter feeds <u>him</u>.

Dans cette phrase, « son chat » devient « le ». On peut poser la question: Ma fille nourrit qui ? son chat le

In this sentence, "her cat" becomes "the". The question can be asked: Who does my daughter feed? her cat him

Le chat mange <u>les croquettes</u>. Le chat <u>les</u> mange. = The cat eats <u>the kibble</u>. The cat eats <u>them</u>.

Dans cette phrase, « les croquettes » deviennent « les ». On peut poser la question: Le chat mange quoi ? les croquettes les

In this sentence, "the kibble" becomes "them". The question can be asked: What does the cat eat? The croquettes them

Voici les différents pronoms directs existants / Here are the different direct pronouns: me, te, le, la, nous, vous, les.

Concernant le pronom complément indirect, il est utilisé pour remplacer un nom de personnes. Dans une phrase, on peut utiliser la question « à qui ? » ou « à quoi ? » afin de le déterminer.

Concerning the indirect complement pronoun, it is used to replace a person's name. In a sentence, the question "to whom?" or "to what?" can be used to determine it.

Par exemple / for example:

Je ne parle plus à ma sœur. Je ne lui parle plus. = I do not talk to my sister anymore. I do not talk to her anymore.

Dans cette phrase, « à ma sœur » devient « lui ». On peut utiliser la question: Je ne parle plus à qui ? à ma sœur lui

In this sentence, "to my sister" becomes "her". You can use the question: I do not talk to whom anymore? to my sister to her

Mon père téléphone à mes grands-parents. Il leur téléphone. = My father calls my grandparents. He calls them.

Dans cette phrase « à mes grands-parents » devient « leur ». On peut utiliser la question: Mon père téléphone à qui ? à mes grands-parents leur

In this sentence, "to my grandparents" becomes "them". You can use the question: My father phones who? to my grandparents them

Voici les différents pronoms indirects existants / Here are the different indirect pronouns: me, te, lui, nous, vous, leur.

Tableau récapitulatif – overview table		
Sujet	Complément direct	Complément indirect
Je	Me	Me
Tu	Te	Te
Il /elle / on	Le / la	Lui

Nous	Nous	Nous
Vous	Vous	Vous
Ils / elles	Les	Leur

Gender of adjectives

En français, les adjectifs s'accordent en genre et en nombre. C'est-à-dire que la terminaison de l'adjectif changera selon si le mot qu'il définit est au masculin, féminin ou au pluriel.

In French, adjectives agree in gender and number. This means that the ending of the adjective will change depending on whether the word it defines is masculine, feminine,

or plural.

En général, pour former un adjectif au féminin, on rajoute simplement un -e à la fin du mot.

In general, to form a feminine adjective, we simply add an -e to the end of the word.

Par exemple / for example:

Il est grand. Elle est grande. = He/she is tall.

Il est joli. Elle est jolie. = He/she is pretty.

Il est petit. Elle est petite. = He/she is small.

Il est méchant. Elle est méchante. = He/she is mean.

Il est intelligent. Elle est intelligente. = He/she is clever.

Cependant, il existe d'autres terminaisons qui ne prennent pas uniquement un -e à la fin mais qui prennent parfois plusieurs lettres ou changent même une partie du mot. Martin t'a préparé plusieurs exemples selon les différentes terminaisons.

However, there are other endings that do not only take an -e at the end but sometimes take several letters or even change part of the word. Martin has prepared several examples of the different endings for you.

-E: Les adjectifs se terminant par -e au masculin ne changent pas au féminin.

-E: Adjectives ending in -e in the masculine do not change in the feminine.

Par exemple / for example:

Il est aimable. Elle est aimable. = He/she is kind.

Il est triste. Elle est triste. = He/she is sad.

Il est obèse. Elle est obèse. = He/she is overweight.

-EL: Les adjectifs se terminant par -el au masculin deviennent -elle au féminin.

-EL: Adjectives ending in -el in the masculine become -elle in the feminine.

Par exemple / for example:

Il est cruel. Elle est cruelle. = He/she is cruel.

C'est un bel homme. C'est une belle femme. = He/she is a handsome man/woman.

-EIL: Les adjectifs se terminant par -eil au masculin deviennent -eille au féminin.

-EIL: Adjectives ending in the masculine -eil become -eille in the feminine.

Par exemple / for example:

C'est un vieil homme. C'est une vieille femme. = He/she is an old man/woman.

Il est pareil. Elle est pareille. = He/she is similar.

-ER: Les adjectifs se terminant par -er au masculin deviennent -ère au féminin.

-ER: Adjectives ending in -er in the masculine become -ère in the feminine.

Par exemple / for example:

Il est fier. Elle est fière. = He/she is proud.

Il est étranger. Elle est étrangère. = He/she is foreign.

-ET: Les adjectifs se terminant par -et au masculin deviennent -ette ou -ète au féminin.

-ET: Adjectives ending in -et in the masculine become -ette or -ète in the feminine.

Par exemple / for example:

Il est muet. Elle est muette. = He/she is mute.

Il est discret. Elle est discrète. = He/she is discreet.

-EUX: Les adjectifs se terminant par -eux au masculin deviennent -euse au féminin.

-EUX: Adjectives ending in the masculine -eux become -euse in the feminine.

<u>Par exemple / for example:</u>

Il est heureux. Elle est heureuse. = He/she is happy.

Il est curieux. Elle est curieuse. = He/she is curious.

-F: Les adjectifs se terminant par -f au masculin deviennent -ve au féminin.

-F: Adjectives ending in the masculine -f become -ve in the feminine.

<u>Par exemple / for example:</u>

Il est sportif. Elle est sportive. = He/she is sporty.

Il est abusif. Elle est abusive. = He/she is abusive.

Il est veuf. Elle est veuve. = He/she is widowed

-IEN: Les adjectifs se terminant par -IEN au masculin deviennent -ienne au féminin.

-IEN: Adjectives ending in -IEN in the masculine become -ienne in the feminine.

<u>Par exemple / for example:</u>

Il est autrichien. Elle est autrichienne. = He/she is Austrian.

Il est ancien. Elle est ancienne. = He/she is a former.

-ON: Les adjectifs se terminant par -ON au masculin deviennent -onne au féminin.

-ON: Adjectives ending in the masculine -ON become -onne in the feminine.

<u>Par exemple / for example:</u>

Il est bon. Elle est bonne. = He/she is good.

Il est mignon. Elle est mignonne. = He/she is cute.

Il y a quelques exceptions qui sont importantes à connaître / There are some exceptions that are important to know:

Il est beau. Elle est belle. = He/she is beautiful.

Il est fou. Elle est folle. = He/she is crazy.

Il est frais. Elle est fraîche. = He/she is fresh.

Il est vieux. Elle est vieille. = He/she is old.

Possessive adjectives and pronouns

Les adjectifs possessifs en français se définissent selon le genre et le nombre du mot auquel ils sont attachés. Ils sont aussi appelés « déterminants possessifs ». Martin t'a préparé un tableau avec tous les déterminants possessifs et toutes leurs formes possibles.

French possessive adjectives are defined by the gender and number of the word to which they are attached. They are also called "possessive determinants". Martin has prepared a table with all the possessive determiners and all their possible forms.

Les adjectifs/déterminants possessifs – Possessive adjectives			
Sujet	Masculin	Féminin	Pluriel
Je	Mon	Ma	Mes
Tu	Ton	Ta	Tes
Il / elle / on	Son	Sa	Ses
Nous	Notre	Notre	Nos
Vous	Votre	Votre	Vos
Ils / elles	Leur	Leur	Leurs

Voici quelques exemples de phrases avec des adjectifs possessifs / Here are some examples of sentences with possessive adjectives:

Mon grand-papa fête ses 80 ans la semaine prochaine. My grandpa turns 80 next week.

Nous serons tous présent à l'anniversaire de notre grand-père. We will all be present at our grandfather's birthday.

Mes oncles se chargent de préparer tout le repas. My uncles are in charge of preparing the whole meal.

Ma sœur et moi offrons un beau livre à notre grand-papa. My sister and I are giving a beautiful book to our grandfather.

Ma mère a prévu de faire un discours pour son père. My mother is planning to give a speech for her father.

Les pronoms possessifs servent à indiquer l'appartenance d'un objet ou d'un individu. Souvent, on utilise le pronom possessif pour éviter de faire une répétition du même mot. Cela rend le texte plus fluide.

Possessive pronouns are used to indicate the belonging of an object or an individual. The possessive pronoun is often used to avoid repeating the same word. This makes the text flow better.

Les pronoms possessifs – Possessive pronouns			
Sujet	Masculin	Féminin	Pluriel
Je	Le mien	La mienne	Les miens / les miennes
Tu	Le tien	La tienne	Les tiens / les tiennes
Il / elle / on	Le sien	La sienne	Les siens / les siennes
Nous	Le nôtre	La nôtre	Les nôtres
Vous	Le vôtre	La vôtre	Les vôtres
Ils / elles	Le leur	La leur	Les leurs

Voici quelques exemples de phrases avec des pronoms possessifs / Here are some examples of sentences with possessive pronouns:

Ma fille est grande tandis que la tienne est petite. My daughter is tall and yours is small.

Mon genou me fait mal mais pas autant que le sien. My knee hurts but not as much as his.

Mon frère doit recevoir une greffe de reins. Je lui donne le mien. My brother needs a kidney transplant. I am giving him mine.

Votre maison est belle mais pas autant que la nôtre. Your house is beautiful but not as beautiful as ours.

Vocabulary

Family members

Français	English
La famille	The family
Le père	The father
La mère	The mother
Le papa	The dad
La maman	The mom
Le frère	The brother
La sœur	The sister
Les frères et sœurs	The siblings
Les parents	The parents
Le grand-père	The grandfather
La grand-mère	The grandmother
Le grand-papa	The grandpa
La grand-maman	The grandma
L'oncle	The uncle
La tante	The aunt
Le cousin	The cousin
La cousine	The cousin

Le neveu	The nephew
La nièce	The niece
Le filleul	The godson
La filleule	The goddaughter
Le parrain	The godfather
La marraine	The godmother
Le mariage	The wedding
Les fiançailles	The engagement
Le décès, la mort	The death
L'enterrement	The funeral
Le divorce	The divorce
La séparation	The separation
Le bébé	The baby
Le nouveau-né	The newborn
La naissance	The birth

The human body

Français	English
Le corps	The body
Les parties du corps	Body parts
La tête	The head

L'œil, les yeux	The eye, the eyes
Le nez	The nose
Le menton	The chin
La bouche	The mouth
Les cheveux	The hair
Le front	The forehead
La joue	The cheek
Les cils	The eyelashes
Les sourcils	The eyebrows
Le crâne	The skull
L'os, les os	The bone, the bones
Le cou	The neck
L'oreille	The ear
Les lèvres	The lips
La langue	The tongue
La dent, les dents	The tooth, the teeth
L'épaule	The shoulder
Le bras	The arm
La main	The hand
Le doigt	The finger

Le coude	The elbow
La poitrine	The chest
Le torse	The chest / the torso
Le ventre	The belly
Le nombril	The belly button
La côte	The rib
La hanche	The hip
La jambe	The leg
Le genou	The knee
Le tibia	The shinbone
Le mollet	The calf
Le pied	The foot
L'orteil	The toe
L'ongle	The nail
Le muscle	The muscle
L'organe	The organ
Le cœur	The heart
Les poumons	The lungs
Les reins	The kidneys
Les parties génitales	The genitals

L'estomac	The stomach
Le cerveau	The brain
Le foie	The liver
L'intestin	The bowel
Le sang	The blood
La veine	The vein
La gorge	The throat

Adjectives for describing people's appearances and personalities

Français	English
Beau, belle	Beautiful
Joli, jolie	Pretty
Mignon, mignonne	Cute
Gentil, gentille	Nice
Méchant, méchante	Mean
Moche, moche	Ugly
Séduisant, séduisante	Appealing
Attrayant, attrayante	Attractive
Musclé, musclée	Muscled
Faible, faible	Weak
Lâche, lâche	Coward

Gros, grosse	Big, fat, large
Mince, mince	Slim
Maigre, maigre	Thin
Obèse, obèse	Overweight
Fort, forte	Strong
Sportif, sportive	Sporty
Maladroit, maladroite	Clumsy
Généreux, généreuse	Generous
Serviable, serviable	Helpful
Radin, radine	Stingy
Avare, avare	Stingy
Compréhensif, compréhensive	Understanding
Grand, grande	Tall
Petit, petite	Small
Géant, géante	Giant
Moyen, moyenne	Medium
Bronzé, bronzée	Tanned
Poli, polie	Polite
Bon, bonne	Good
Aimable, aimable	Kind, friendly

Aimant, aimante	Loving
Ennuyeux, ennuyeuse	Boring
Intéressant, intéressante	Interesting
Bavard, bavarde	Chatty
Énergique, énergique	Energetic
Positif, positive	Positive
Négatif, négative	Negativ
Triste, triste	Sad
Content, contente	Happy
Heureux, heureuse	Happy
Fâché, fâchée	Angry, upset
Énervé, énervée	Angry, pissed
Timide, timide	Shy
Intelligent, intelligente	Smart
Curieux, curieuse	Curious
Réservé, réservée	Reserved
Fidèle, fidèle	Faithful
Loyal, loyale	Loyal
Infidèle, infidèle	Unfaithful
Stupide, stupide	Stupid

Malin, maline	Clever
Stressé, stressée	Stressed
Calme, calme	Calm
Silencieux, silencieuse	Quiet
Fier, fière	proud

Exercises

Exercise 13

Décris ta famille en quelques phrases.

Describe your family in a few sentences.

_____

_____

_____

_____

_____

_____

_____

_____

_____

_____

Chapter 7: Eating Out

La France est un pays connu pour sa gastronomie et Martin est littéralement tombé amoureux des bons petits restaurants où il est allé manger, c'est pourquoi il souhaite te faire découvrir cet univers en t'apprenant à commander de la bonne nourriture dans les restaurants.

France is a country known for its gastronomy and Martin has literally fallen in love with the good little restaurants he has been to, so he wants to introduce you to this world by teaching you how to order good food in restaurants.

Functions

Asking for food in the restaurant politely

Dans un restaurant et de manière générale, quand on pose une question, il faut le faire poliment. Martin a préparé quelques phrases que tu peux apprendre par cœur.

In a restaurant, and in general, when you ask a question, you have to be polite. Martin has prepared a few phrases that you can learn by heart.

Français	English
Est-ce que je pourrais avoir la carte, s'il-vous-plaît ?	Can I have the menu, please?
Savez-vous quand est-ce que mon plat sera prêt ?	Do you know when my dish will be ready?
Pourrais-je avoir un dessert, s'il-vous-plaît ?	Could I have a dessert, please?
Je souhaiterais commander une entrecôte parisienne.	I would like to order a Parisian entrecôte.
Pourriez-vous me dire quel vin irait le mieux avec mon entrecôte s'il-vous-plaît ?	Could you please tell me which wine would go best with my entrecote?
Qu'est-ce que vous me conseiller ?	What do you recommend?
Pourriez-vous m'apporter du pain, s'il-vous-plaît ?	Could you bring me some bread, please?

Talking about your favorite food

Martin a plusieurs plats favoris qu'il a découvert en France. Voici quelques phrases qu'il dit souvent lorsqu'il veut parler de ses plats préférés.

Martin has several favorite dishes that he discovered in France. Here are some phrases he often says when he wants to talk about his favorite dishes.

Français	English
Quel est ton plat préféré ?	What is your favorite meal?
Mon plat préféré est le bœuf bourguignon.	My favorite meal is bourguignon beef.
J'adore les crêpes au caramel.	I love caramel crepes.
J'aime aussi beaucoup les crêpes à la confiture.	I also really like crepes with jam.
Est-ce que tu aimes les tomates ?	Do you like tomatoes?
Oui, j'adore ça.	Yes, I love it.
Non, je n'aime pas ça.	No, I do not like it.

Comparing types of meals

Lorsque Martin va au restaurant, il y a parfois tellement de choix qu'il est obligé de les comparer. Généralement, il les classe en plusieurs catégories.

When Martin goes to a restaurant, there are sometimes so many choices that he has to compare them. He usually divides them into several categories.

Français	English
L'entrée	The starter
Le plat principal	The main course
Le dessert	The dessert
Le petit-déjeuner	The breakfast
Le déjeuner	The lunch
Le dîner	The dinner

Martin était surpris à son arrivée en France car les restaurants ne sont généralement pas ouvert avant 19 heures pour le repas du soir. Alors maintenant, quand il réserve une table pour manger avec des amis, il réserve pour 20 heures.

Martin was surprised when he arrived in France because restaurants are not usually open until 7 pm for dinner. So now, when he books a table to eat with friends, he books for 8 pm.

Describing a type of meal

Martin a aussi appris à décrire les repas car il a beaucoup d'amis qui sont végétariens alors il a préféré apprendre du vocabulaire pour qu'il puisse décrire la nourriture à ses amis afin qu'ils puissent manger un repas sans viande tranquillement.

Martin also learned how to describe meals because he has many friends who are vegetarians so he preferred to learn vocabulary so that he could describe the food to his friends so that they could eat a meatless meal at ease.

Français	English
Est-ce que le plat est végétarien ?	Is the meal vegetarian?
Est-ce que c'est sans lactose ?	Is the meal dairy free?
Est-ce que c'est sans gluten ?	Is the meal gluten-free?
Le repas est composé d'un plat et d'un dessert.	The meal consists of a main course and a dessert.
Le dessert contient du lactose.	The dessert contains lactose.
L'entrée est composée d'une salade et d'un œuf.	The starter consists of a salad and an egg.
Le plat est composé d'une viande rouge, de pâtes et de légumes.	The dish consists of red meat, pasta, and vegetables.

Dialogue: to order food in a restaurant

Utilise ce dialogue pour te plonger dans une situation réelle tout en améliorant ta prononciation. Entraine-le avec quelqu'un ou seul. Pour t'aider, tu peux aussi t'enregistrer sur ton téléphone et réécouter ensuite l'audio en analysant ton oral et d'améliorer là où tu as fait des erreurs.

Use this dialogue to immerse yourself in a real-life situation while improving your pronunciation. Practice it with someone or on your own. To help you, you can also record yourself on your phone and then listen to the audio again, analyzing your speech and improving where you made mistakes.

Martin: Pourrais-je avoir la carte, s'il-vous-plaît ?

Le serveur: Bien sûr Monsieur, la voici.

Martin: Merci.

Le serveur: Avez-vous déjà choisi ?

Martin: Oui, je souhaiterais une salade niçoise en entrée et une omelette aux champignons en plat principal.

Le serveur: Que souhaiteriez-vous boire avec ceci ?

Martin: Je souhaiterais un verre de Pinot Noir, s'il-vous-plaît.

Le serveur: Très bien, Monsieur. Je vous apporte cela toute de suite.

Martin: Merci.

Martin: Can I have the menu, please?

The waiter: Of course, sir, here it is.

Martin: Thank you.

The waiter: Have you already decided?

Martin: Yes, I would like a Niçoise salad as a starter and a mushroom omelet as a main course.

The waiter: What would you like to drink with this?

Martin: I would like a glass of Pinot Noir, please.

The waiter: Very good, sir. I will bring this to you right away.

Martin: Thank you.

Grammar

Comparatives and superlatives of adjectives

Le comparatif et le superlatif sont des modes qui servent à faire une comparaison. En français, on utilise le comparatif comme 1er degrés de comparaison. On utilise différents terme pour qualifier la comparaison: comparaison d'infériorité, comparaison d'égalité, comparaison de supériorité. Le superlatif est utilisé pour décrire un degré supérieur de comparaison. Autant pour le comparatif que le superlatif, l'adjectif qui suit est accordé avec le sujet. Si le sujet est féminin, l'adjectif sera mis au féminin. Martin te donne quelques exemples ci-dessous afin que tu puisses bien les identifier.

The comparative and the superlative are modes used to make a comparison. In French, the comparative is used as the first degree of comparison. Different terms are used to describe the comparison: inferiority comparison, equality comparison, and superiority comparison. The superlative is used to describe a higher degree of comparison. For both the comparative and the superlative, the adjective that follows is agreed with the subject. If the subject is feminine, the adjective is put in the feminine form. Martin gives you some examples below so that you can identify them.

Exemples de comparatifs / Comparative examples:

Comparaison d'infériorité: Mélanie est **moins** bronzée **que** Laura. Mélanie is less tanned than Laura.

Comparaison d'égalité: Christiane est **autant** généreuse **que** Pierre. Christiane is as generous as Pierre.

Comparaison de supériorité: Théo est **plus** grand **que** Noah. Theo is taller than Noah.

Comme tu peux le remarquer, pour les comparaisons d'infériorité, on utilise la forme « moins ... que ». Pour les comparaison d'égalité, on utilise la forme « autant ... que » et pour la comparaison de supériorité, on utilise « plus ... que ».

As you can see, for comparisons of inferiority, the form "moins ... que" is used. For comparisons of equality, we use the form "autant que," and for comparisons of superiority, we use "plus que".

Exemples de superlatifs / superlative examples:

Superlatif inférieur: Benjamin est **le moins** courageux. Benjamin is the least brave.

Superlatif supérieur: Jacques est **le plus** drôle. Jacques is the funniest.

Comme tu peux le remarquer, pour le superlatif inférieur, on utilise la forme « le moins... ». Pour le superlatif supérieur, on utilise « le plus... ».

As you can see, for the lower superlative, we use the form "le moins...". For the higher superlative, we use "le plus...".

Adverbs of mode

Les adverbes de modalité servent à comprendre la position de la personne qui s'exprime. Grâce à eux, tu pourras facilement identifier la position d'un auteur dans un texte ou d'une personne dans une conversation. Comme à son habitude, Martin t'a préparé une liste des adverbes de modalité les plus utilisés.

Modal adverbs are used to understand the position of the person who is speaking. Thanks to them, you can easily identify the position of an author in a text or of a person in a conversation. As usual, Martin has prepared a list of the most commonly used modal adverbs for you.

Français	English
Certainement	Certainly
Hélas	Alas
Heureusement	Fortunately
Malheureusement	Unfortunately
Apparemment	Apparently
Peut-être	Perhaps
Par hasard	By chance

Probablement	Probably
Sans doute	Without a doubt / undoubtedly
Voire	Even
Vraisemblablement	Presumably
Evidemment	Obviously
Clairement	Clearly

Conjunctions

En français, il existe deux types de conjonctions: la conjonctions de coordination, la conjonction de subordination.

La conjonction de coordination sert à relier deux mots qui ont la même fonction grammaticale. Tu peux distinguer ce type de conjonction grâce à ces mots: mais, ou, et, donc, or, ni, car.

La conjonction de subordination sert à relier une proposition subordonnée à la proposition principale. Tu peux distinguer ce type de conjonction grâce à ces mots: que, quand, lorsque, comme, si.

In French, there are two types of conjunctions: the coordinating conjunction and the subordinating conjunction.

The coordinating conjunction is used to link two words that have the same grammatical function. You can distinguish this type of conjunction with these words: but, or, and, therefore, or, nor, because.

The subordinating conjunction is used to link a subordinate clause to the main clause. You can distinguish this type of conjunction with these words: that, when, when, as, if.

<u>Exemples de conjonctions de coordination / Examples of coordinating conjunctions:</u>

Gabriel a un chat brun **et** blanc. Gabriel has a brown **and** white cat.

Elle a raté ses examens **donc** elle doit les repasser. She failed her exams **so** she has to retake them.

Il fait froid en France au moins de décembre **car** c'est l'hiver. It is cold in France in December **because** it is winter.

Exemples de conjonctions de subordination / Examples of subordinating conjunctions:

Zoé pourra sortir quand elle aura terminé ses devoirs. Zoé can go out when she will be done with her homework.

Le chirurgien pense que l'opération s'est bien déroulée. The surgeon believes that the operation went well.

Pauline aurait réussi son test si elle avait révisé. Pauline would have passed her test if she had revised.

Vocabulary

Meals

Français	English
Le plat	The meal
La nourriture asiatique	Asian food
La nourriture mexicaine	Mexican food
La cuisine française	French cuisine
La cuisine italienne	Italian cuisine
Le ragoût	The stew
Le boudin	The blood sausage
Le steak tartare	The steak tartar
La choucroute garnie	The sauerkraut garnish
La tarte flambée	The flammkuchen (kind of a white pizza)
Le boeuf bourguignon	The bourguignon beef

La quiche lorraine	The quiche lorraine
La tartiflette	The tartiflette
Le couscous	The couscous
La tarte tatin	The tarte tatin (caramelized apple pie)
La fondue (au fromage)	The (cheese) fondue
La fondue bourguignonne	The bourguignonne fondue
La fondue chinoise	The Chinese fondue
La fondue au chocolat	The chocolate fondue
La fondue mongole	The Mongolian fondue
Le risotto	The risotto
La pizza	The pizza
Les spaghettis bolognaise	The spaghetti Bolognese
Les tomates farcies	Stuffed tomatoes
La raclette	The raclette (melting cheese)
La tomme	Tomme cheese
Le fromage de chèvre	Goat cheese

Expressing likes/dislikes

Français	English
J'aime...	I like to...
Je n'aime pas...	I don't like to...
J'adore...	I love to...
Je déteste...	I hate...
J'aime faire...	I like to do...
Je n'aime pas manger...	I don't like to eat...
J'ai horreur de...	I dislike to...

Polite interjections

Martin a remarqué que les personnes francophones utilisaient énormément d'interjections quand ils parlent. Il t'a fait une liste afin que tu puisses comprendre ce que ces interjections interprètent.

Martin has noticed that French speakers use a lot of interjections when they speak. He has made a list for you so that you can understand what these interjections mean.

Français	English
Aïe !	Expression of pain
Heum...	When someone is reflecting
Ho ! Ha !	Expression of surprise
Hé !	To call out to someone
Chut !	To stop the noise
Ouf!	Expression of relief

Beurk!	Expression of disgust
Hmm!	Expression of desire

Culinary tradition in France

Dairy products

Chaque pays a ses particularités et habitudes alimentaires. La France ne manque pas de cocher cette case. Quand Martin est arrivé en France, il a été surpris par la quantité de produits laitiers que les français mangent au quotidien. Il y a énormément de français qui mangent un premier yaourt pour le petit-déjeuner, un deuxième pour le dessert à la pause déjeuner et un troisième pour le dessert au dîner. A cela, ils ajoutent encore du fromage au déjeuner et au dîner.

Each country has its own particularities and eating habits. France does not fail to tick this box. When Martin arrived in France, he was surprised by the amount of dairy products that French people eat on a daily basis. Many French people eat a first yogurt for breakfast, a second for dessert at lunchtime, and a third for dessert at dinner. To this, they add cheese at lunch and dinner.

Different types of fondue

Bien que la fondue au fromage soit un plat originaire de la Suisse, les français sont de gros fervents de ce plat. Ils ont donc créé une version bien à eux: la fondue savoyarde. Comme son nom l'indique, ce plat vient de la Savoie et est composé de plusieurs fromages: la tomme, le compté, le reblochon et l'emmental. Principalement consommé en hiver, ce plat composé de fromage fondu et de pain saura ravir les gourmands.

Mais ce n'est pas tout, en France, il existe encore bien d'autres types de fondues. La plupart d'entre-elles sont composées de viande mais on peut aussi en trouver au poisson ou en version sucrée à base de chocolat. Une des plus connues est la fondue bourguignonne. Le principe de ce plat est de tremper des morceaux de viande rouge dans un caquelon rempli d'huile.

Les plus gourmands d'entre-nous craqueront certainement pour la fondue au chocolat. Le principe est de piquer des fruits sur une fourchette et de les napper de chocolat noir fondu. Alors, est-ce que vous êtes tentés par ces délicieux mets ?

Although cheese fondue originated in Switzerland, the French are big fans of this dish. They have therefore created their own version: Savoyard fondue. As its name suggests, this dish comes from Savoie and is made of several cheeses: tomme, compté, reblochon and emmental. Mainly eaten in winter, this dish made of melted cheese and bread will delight the gourmets.

But that is not all; in France, there are many other types of fondues. Most of them are made with meat, but you can also find some with fish or a sweet version made with chocolate. One of the best known is the fondue bourguignonne. The principle of this dish is to dip pieces of red meat in a caquelon filled with oil.

Those with a sweet tooth will certainly fall for the chocolate fondue. The principle is to prick fruit on a fork and cover it with melted dark chocolate. So, are you tempted by these delicious dishes?

Exercises

Exercise 14

Identifie si les phrases ci-dessous sont des conjonctions de coordination ou de subordination. Surligne les mots connecteurs.

Identify whether the sentences below are coordinating or subordinating conjunctions. Highlight the connecting words.

1. La vache est noire et blanche. _____

2. Annie va au supermarché car son frigo est vide.
   _____

3. Roxane deviendra infirmière si elle réussit son dernier examen. _____

4. Victor pourra travailler pour une grande entreprise quand il aura terminé son stage d'informaticien.
   _____

5. Il fait très froid dehors donc je mets un manteau.
   _____

6. Jules ne sait pas chanter ni danser. _____

Chapter 8: At the movies

Martin est un grand fan de cinéma et il souhaite donc te partager ses connaissances afin que tu puisses toi aussi profiter d'aller voir un film en France. Le cinéma français est réputé dans le monde entier alors n'hésites pas à sauter le pas et profite de ce moment agréable entre amis.

Martin is a big fan of cinema and he would like to share his knowledge with you so that you too can enjoy going to see a movie in France. French cinema is famous all over the world, so do not hesitate to take the plunge and enjoy a good time with friends.

Functions

Choosing a movie from a schedule

Afin de choisir un film dans un programme de cinéma, il est important de connaître les jours, les dates et les heures pour que tu puisses te rendre à la bonne séance. Tu retrouveras ce vocabulaire plus loin dans le chapitre 8. Martin t'as préparé quelques phrases utiles pour que tu sois à l'aise avec ce thème.

In order to choose a movie from a schedule, it is important to know the days, dates and times so that you can go to the right screening. You will find this vocabulary later in chapter 8. Martin has prepared some useful sentences for you to use so that you feel comfortable with this topic.

Français	English
Quel film veux-tu aller voir ?	Which movie do you want to see?
Quel genre de film aimes-tu ?	What kind of movie do you like?
Film d'action	Action movie
Film d'horreur	Horror movie
Comédie romantique	Romantic comedy
Drame	Tragedy
Film d'aventure	Adventure movie
Film d'auteur	Author's movie
A quelle heure commence le film ?	What time does the movie start?
Quand est-ce que la sortie du film est prévue ?	When will the movie be released?

Booking a movie ticket

Pour réserver une entrée au cinéma, rien de plus facile: tu pourras le faire en quelques clics sur internet si tu penses qu'il y aura énormément de monde au cinéma afin de t'assurer une place. Sinon, tu peux aussi très bien te rendre au guichet et demander au vendeur un ticket pour le film de ton choix.

To book a ticket for the cinema, nothing could be easier: you can do it in a few clicks on the internet if you think there will be a lot of people in the cinema to make sure you get a seat. If not, you can also go to the box office and ask the ticket seller for a ticket for the film of your choice.

Français	English
Je voudrais 2 places pour le film ...	I would like two tickets for the movie ...
Est-ce que je pourrais avoir 2 places pour le film ... ?	Can I have two tickets for the movie ...?
Combien coûte un billet étudiant ?	How much does a student ticket cost?
Dans quelle salle sera le film ?	In which room will the movie be shown?

Talking about future plans

Dans cette section, tu apprendras à communiquer sur tes futurs plans. Tu pourras aussi t'aider de la partie grammaire dans les points ci-dessous sur le futur des verbes afin que tu puisses les conjuguer et formuler les phrases correctement.

In this section, you will learn how to communicate about your future plans. You can also use the grammar section in the points below on the future tense of verbs so that you can conjugate them and formulate sentences correctly.

Français	English
Quels sont tes plans pour demain ?	What are your plans for tomorrow?
Qu'est-ce que tu as prévu de faire pendant tes vacances ?	What do you plan to do during your holidays?
Qu'est-ce que tu fais le week-end prochain ?	What are you doing next weekend?
La semaine prochaine	Next week
Le mois prochain	Next month

Dans 3 jours	In 3 days
L'année prochaine	Next year
Prochainement	Soon
Dans le futur	In the future
Demain	Tomorrow

Dialogue: inviting a friend to watch a movie at the cinema

Dans ce dialogue, Martin propose à un ami d'aller voir un film ensemble. Exerces ce dialogue seul ou avec quelqu'un pour que tu puisses te plonger dans une situation concrète.

In this dialogue, Martin suggests to a friend that to go and see a film together. Practice this dialogue on your own or with someone else so that you can immerse yourself in a concrete situation.

Martin: Salut Simon, j'ai vu qu'il y avait un super film au cinéma. Est-ce que tu voudrais le voir avec moi ?

Simon: Salut Martin, je te remercie pour l'invitation et ça serait un plaisir d'aller au cinéma avec toi. Quand est-ce que tu veux y aller ?

Martin: La prochaine séance se passe demain à 15 heures. Sinon, on peut aussi y aller samedi soir si tu préfères.

Simon: Demain à 15 heures c'est parfait pour moi. Je me réjouis !

Martin: Chouette, moi aussi. A demain.

Martin: Hi Simon, I saw that there was a great movie in the cinema. Would you like to watch it with me?

Simon: Hi Martin, thank you for the invitation, and it would be a pleasure to go to the cinema with you. When do you want to go?

Martin: The next session is tomorrow at 3 pm. Alternatively, we can go on Saturday night if you prefer.

Simon: Tomorrow at 3 pm is perfect for me. I'm looking forward to it!

Martin: Great, me too. See you tomorrow.

Grammar

Adverbs of affirmation / negation / doubt

Dans une discussion avec quelqu'un, tu entendras souvent des adverbes d'affirmation, de négation ou de doutes. Martin te les a listés ci-dessous afin que tu puisses t'y retrouver.

In a discussion with someone, you will often hear adverbs of affirmation, negation, or doubt. Martin has listed them for you below so that you can find your way around.

Adverbes d'affirmation	
Français	**English**
Certes	Certainly
Sans doute	Without a doubt
Vraiment	Truly
Oui	Yes
Volontiers	Willingly
D'accord	Agreed

Comme tu peux le remarquer, les adverbes d'affirmations répondent à la positive et ne laisse pas de place au doute.

As you can see, the affirmative adverbs answer positively and leave no room for doubt.

Adverbes de négation	
Français	**English**
Ne ... pas	Do not
Non	No

Les adverbes de négation répondent à la négative et ne laisse, eux aussi, pas de place au doute.

Adverbs of negation respond to the negative and also leave no room for doubt.

Adverbes de doute	
Français	English
Peut-être	Maybe
Probablement	Probably
Sûrement	Surely

Quand à eux, les adverbes de doute ne répondent ni à la positive ou à la négative. Comme leur nom l'indique, ils laissent place au doute.

Adverbs of doubt, on the other hand, do not respond to either the positive or the negative. As their name indicates, they leave room for doubt.

Future tenses for regular and irregular verbs

Dans ce chapitre, Martin va t'apprendre comment conjuguer les verbes réguliers et irréguliers au futur. Grâce à ces nouvelles connaissances, tu pourrais aisément former des phrases au futur.

Dans un premier temps, Martin te montre ci-dessous comment conjuguer un verbe du 1er groupe. Pour rappel, les verbes du 1er groupe se terminent en -er. Ensuite, il te montrera comment conjuguer les verbes du 2ème groupe. Les verbes du 2ème groupe se terminent en -ir. Pour terminer, il te montrera la conjugaison des verbes du 3ème groupe, soit les verbes irréguliers.

In this chapter, Martin will teach you how to conjugate regular and irregular verbs in the future tense. With this new knowledge, you will be able to form sentences in the future tense with ease.

First, Martin shows you how to conjugate a verb of the 1st group. As a reminder, the verbs of the 1st group end in -er. Then he will show you how to conjugate the verbs of the 2nd group. The verbs of the 2nd group end in -i

r. Finally, he will show you the conjugation of the third group of verbs, irregular verbs.

Pour former les verbes du 1er groupe au futur, il suffit de prendre le verbe à l'infinitif et de rajouter la bonne terminaison. Les terminaisons sont en gras dans le tableau ci-dessous.

To form the verbs of the 1st group in the future tense, simply take the verb in the infinitive and add the correct ending. The endings are in bold in the table below.

Les verbes du 1er groupe au futur / 1st group verbs in the future tense	
Chanter / to sing	
Je chanter**ai**	I will sing
Tu chanter**as**	You will sing
Il chanter**a** / elle chanter**a** / on chanter**a**	He / she / it will sing
Nous chanter**ons**	We will sing
Vous chanter**ez**	You will sing
Ils chanter**ont** / elles chanter**ont**	They will sing

Comme tu peux le remarquer, les verbes du 2ème groupe se conjuguent au futur de la même manière que les verbes du 1er groupe. Il suffit de prendre le verbe à l'infinitif et de rajouter la bonne terminaison.

As you can see, the verbs of the 2nd group are conjugated in the future tense in the same way as the verbs of the 1st group. You just have to take the infinitive verb and add the right ending.

Les verbes du 2ème groupe au futur / 2nd group verbs in the future tense	
Choisir / to choose	
Je choisir**ai**	I will choose
Tu choisir**as**	You will choose
Il choisir**a** / elle choisir**a** / on choisir**a**	He / she / it will choose
Nous choisir**ons**	We will choose
Vous choisir**ez**	You will choose
Ils choisir**ont** / elles choisir**ont**	They will choose

Les verbes du 3ème groupe au futur se conjuguent pour la plupart comme les verbes du 1er et du 2ème groupe. Cependant il existe une exception: le verbe aller.

The verbs of the 3rd group in the future tense are mostly conjugated like the verbs of the 1st and 2nd groups. However, there is one exception: the verb to go.

Aller / to go	
J'irai	I will go
Tu iras	You will go
Il ira / elle ira / on ira	He / she / it will go
Nous irons	We will go
Vous irez	You will go
Ils iront / elles iront	They will go

Vocabulary

Telling the time/date

Français	English
1 heure / 1 heure du matin	1 am
2 heures / 2 heures du matin	2 am
3 heures / 3 heures du matin	3 am
4 heures / 4 heures du matin	4 am
5 heures / 5 heures du matin	5 am
6 heures / 6 heures du matin	6 am
7 heures / 7 heures du matin	7 am
8 heures / 8 heures du matin	8 am
9 heures / 9 heures du matin	9 am
10 heures / 10 heures du matin	10 am
11 heures / 11 heures du matin	11 am
12 heures / midi	12 pm / midday
13 heures / 1 heure de l'après-midi	1 pm
14 heures / 2 heures de l'après-midi	2 pm
15 heures / 3 heures de l'après-midi	3 pm
16 heures / 4 heures de l'après-midi	4pm
17 heures / 5 heures de l'après-midi	5 pm

18 heures / 6 heures du soir	6 pm
19 heures / 7 heures du soir	7 pm
20 heures / 8 heures du soir	8 pm
21 heures / 9 heures du soir	9 pm
22 heures / 10 heures du soir	10 pm
23 heures / 11 heures du soir	11 pm
minuit	12 am / midnight

Dans la pratique, voici comment dire les heures en français / In practice, this is how to say the hours in French:

10:00: 10 heures pile 10 O'clock

10:30: 10 heures et demi half past 10

11:15: 11 heures et quart 15 past 11

11:25: 11 heures 25 25 past 11

13:05: 13 heures 5 5 past 1

7:45: 8 heures moins le quart a quarter to 8

7:50: 8 heures moins 10 10 to 8

9:35: 10 heures moins 25 25 to 10

Si cette manière est trop difficile pour toi, voici comment tu peux simplifier le fait de dire les heures / If this way is too difficult for you, here is how you can simplify saying the hours:

10:00: il est 10 heures it is 10 hours

6:30: il est 6 heures (et) 30 (minutes) it is 6 hours and 30 minutes

4:15: il est 4 heures (et) 15 (minutes) it is 4 hours and 15 minutes

7:45: il est 7 heures (et) 45 (minutes) it is 7 hours and 45 minutes.

Ce n'est pas obligatoire de préciser le « et » et « minutes » à chaque fois. Martin dit simplement: il est 7 heures 45.

It is not necessary to specify the "and" and "minutes" every time. Martin simply says: It is 7.45.

Ordinal numerals

Français	English
Le premier / le 1er	The first
Le deuxième / le 2ème / le second	The second
Le troisième / le 3ème	The third
Le quatrième / le 4ème	The fourth
Le cinquième / le 5ème	The fifth
Le dernier	The last

Exercises

Exercise 15

Ecris les heures ci-dessous.

Write down the hours below.

2:15 am: _____

5:30 am: _____

8:40 pm: _____

10:00 pm: _____

12 am:_____

1 pm: _____

Advice

Martin a mis du temps avant de regarder un film en français et il a quelques conseils à te donner. Premièrement, il te recommande de regarder régulièrement des films en français que tu connais déjà en mettant les sous-titres en anglais. Grâce à cette méthode, si tu ne comprends pas tout, tu ne seras pas frustré car tu connais déjà le film.

Dès que tu as passé cette étape-là, tu peux continuer à regarder les films en français mais en mettant cette fois-ci les sous-titres en français. N'hésites pas à stopper le film si il est trop difficile pour toi car il ne faut pas te dégouter de l'apprentissage de la langue.

Martin took a long time to watch a movie in French and he has some advice for you. Firstly, he recommends that you regularly watch French movies that you already know with English subtitles. With this method, if you don't understand everything, you won't be frustrated because you already know the film.

Once you have passed this stage, you can continue to watch the movies in French, but this time with French subtitles. Do not hesitate to stop the movie if it is too difficult for you because you should not be put off learning the language.

Chapter 9: Talking About Your Past

En rencontrant des gens en voyageant, Martin a remarqué qu'il parlait souvent de ce qu'il avait fait dans le passé. Ce chapitre-là va t'aider à toi aussi décrire ce que tu as fait par le passé.

While meeting people on his travels, Martin noticed that he often talked about what he had done in the past. This chapter will help you to describe what you have done in the past.

Functions

Talking about past events or childhood events

Martin t'as sélectionné quelques phrases utiles pour parler d'évènements passés.

Martin has selected some useful phrases for talking about past events.

Français	English
Où as-tu fait tes études?	Where did you study?
Dans quelle école est-ce que tu étudiais ?	What school did you study at?
Où as-tu grandis ?	Where did you grow up?
Où es-tu né ?	Where were you born?
Qu'est-ce que tu faisais la semaine passée ?	What were you doing last week?
Que faisais-tu l'année passée ?	What were you doing last year?
J'ai fait mes études à l'université de Lyon.	I studied at the University of Lyon.
J'ai grandis dans le nord de la France.	I grew up in the north of France.
Je suis né à Londres.	I was born in London.
La semaine passée, je suis allé en vacances au bord de la mer.	Last week I went on holiday by the sea.
L'année passée, je passais mes examens pour devenir médecin.	Last year I took my exams to become a doctor.

Describing someone's job

Si tu souhaites décrire le travail de quelqu'un, il faut que tu apprennes le vocabulaire concernant son métier exact. Dans ce chapitre, Martin te donne un exemple en décrivant le travail de son amie Lucie.

If you want to describe someone's job, you need to learn the vocabulary for their exact job. In this chapter, Martin gives you an example by describing his friend Lucie's job.

Exemple / example:

Mon amie Lucie travaille dans une entreprise privée en tant que secrétaire. Elle travaille sur un ordinateur. Ses tâches consistent à répondre aux appels des clients, écrire des lettres et traiter des dossiers. En quelques mots, elle traite tout ce qui est administratif.

My friend Lucie works in a private company as a secretary. She works on a computer. Her tasks include answering customer calls, writing letters, and processing files. In short, she deals with all administrative matters.

Dialogue: about our jobs

Entraine ce dialogue pour améliorer ton oral.

Practice this dialogue to improve your speaking.

Martin: Qu'est-ce que tu fais comme travail, Cindy ?

Cindy: Je travaille en tant qu'infirmière dans un hôpital.

Martin: Dans quel service est-ce que tu travailles ?

Cindy: Je suis en pédiatrie. C'est-à-dire que je m'occupe des enfants malades.

Martin: C'est un très beau métier que tu fais, je suis impressionné.

Martin: What do you do for a living, Cindy?

Cindy: I work as a nurse in a hospital.

Martin: What department do you work in?

Cindy: I am in pediatrics. That means that I look after sick children.

Martin: It is a great job you are doing; I am impressed.

Grammar

Past tenses for regular and irregular verbs

Il est très important que tu saches conjugués les verbes au passé afin que tu puisses aisément communiquer sur des évènements que tu as vécu par le passé.

It is very important that you know how to conjugate verbs in the past tense so that you can easily communicate about events you have experienced in the past.

Comme tu peux le remarquer dans le tableau ci-dessous, pour conjuguer les verbes du 1er groupe, tu dois prendre la racine du mot et rajouter la bonne terminaison. Dans l'exemple ci-dessous, la racine du verbe « chanter » est « chant ».

Les verbes du 1er groupe à l'imparfait / 1st group verbs in the past tense	
Chanter / to sing	
Je chant**ais**	I sang
Tu chant**ais**	You sang
Il chant**ait** / elle chant**ait** / on chant**ait**	He / she / it sang
Nous chant**ions**	We sang
Vous chant**iez**	You sang
Ils chant**aient** / elles chant**aient**	They sang

Pour composer les verbes du 2ème groupe à l'imparfait, la technique est de trouver le radical de la 1ère personne du pluriel au présent et de rajouter la bonne terminaison. Dans l'exemple ci-dessous, le radical est: nous **choisiss**ons. Donc il suffit de prendre « choisiss » et de rajouter la bonne terminaison comme dans ce tableau.

To compose the verbs of the 2nd group in the imperfect tense, the technique is to find the radical of the 1st person plural in the present tense and add the correct ending. In the example below, the stem is: nous **choisiss**ons. So just take "choisiss" and add the correct ending as in this table.

Les verbes du 2ème groupe à l'imparfait / 2nd group verbs in the past tense	
Choisir / to choose	
Je choisiss**ais**	I chose
Tu choisiss**ais**	You chose
Il choisiss**ait** / elle choisiss**ait** / on choisiss**ait**	He / she / it chose
Nous choisiss**ions**	We chose
Vous choisiss**iez**	You chose
Ils choisiss**aient** / elles choisiss**aient**	They chose

Pour les verbes du 3ème groupe, il faut appliquer la même règle que pour ceux du 2ème groupe. La seule exception est pour le verbe « aller ».

For the verbs of the 3rd group, the same rule must be applied as for those of the 2nd group. The only exception is for the verb "to go."

Aller / to go	
J'allais	I went
Tu allais	You went
Il allait / elle allait / on allait	He / she / it went
Nous allions	We went
Vous alliez	You went
Ils allaient / elles allaient	They went

Indefinite pronouns

Les pronoms indéfinis servent à remplacer un nom de façon imprécise. Martin t'a fait une petite liste des pronoms indéfinis les plus utilisés.

Indefinite pronouns are used to replace a noun in an imprecise way. Martin has made you a short list of the most commonly used indefinite pronouns.

Français	English
Aucun	None
Certain	Some
Chacun	Each one
N'importe lequel / laquel / lesquels / lesquelles	Any of them
La plupart	Most of them
Beaucoup	A lot
N'importe qui	Anybody
Quelque chose	Something

Vocabulary

Time expressions for past events

Français	English
Hier	Yesterday
Avant-hier	The day before yesterday
Le mois passé	Last month

Il y a deux jours	Two days ago
L'année passée	Last year
Il y a longtemps	A long time ago
La semaine passée	Last week
Avant	Before
Dans le passé	In the past

Months and seasons

Français	English
Janvier	January
Février	February
Mars	March
Avril	April
Mai	May
Juin	June
Juillet	July
Août	August
Septembre	September
Octobre	October
Novembre	November
Décembre	December

L'hiver	The winter
L'automne	The autumn
Le printemps	The spring
L'été	The summer
La saison	The season
Le mois	The month
Le jour	The day
La date	The date

Jobs and professions

Français	English
Le métier	The profession
Le travail	The job
L'entreprise	The company
L'infirmier, l'infirmière	The nurse
Le docteur, la doctoresse	The doctor
Le dentiste, la dentiste	The dentist
Le psychologue, la psychologue	The psychologist
Le cuisinier, la cuisinière	The cook
Le boulanger, la boulagère	The baker
Le boucher, la bouchère	The butcher

Le poissonnier, la poissonnière	The fishmonger
Le maraîcher, la maraîchère	The market gardener
Le personnel de ménage	The housekeeping staff
Le serveur, la serveuse	The waiter, the waitress
Le maître / l'enseignant, la maîtresse / l'enseignante	The teacher
Le policier, la policière	The police officer
Le pompier, la pompière	The firefighter
Le paysan, la paysanne	The farmer
L'informaticien, l'informaticienne	The computer scientist
L'ingénieur, l'ingénieure	The engineer
Le journaliste, la journaliste	The journalist, the reporter
Le secrétaire, la secrétaire	The secretary
Le patron, la patronne	The boss
Le vétérinaire, la vétérinaire	The vet
Le chirurgien, la chirurgienne	The surgeon
L'électricien, l'électricienne	The electrician
Le mécanicien, la mécanicienne	The mechanic
Le pédiatre, la pédiatre	The pediatrician
Le coiffeur, la coiffeuse	The hairdresser

L'acteur, l'actrice	The actor, the actress
Le chanteur, la chanteuse	The singer
Le producteur, la productrice	The producer
Le politicien, la politicienne	The politician
Le musicien, la musicienne	The musician
Le comptable, la comptable	The accounting officer
Le banquier, la banquière	The banker
Le chauffeur, la chauffeuse	The driver
L'employé, l'employée	The employee

Exercises

Exercise 16

Conjugue les verbes à l'imparfait.

Conjugate the verbs in the imperfect tense.

Français	English
	You ate (singular)
	He played
	They sang
	We heard
	You drank (plural)
	I wrote
	I danced

	She cried
	We finished
	They spoke

Quiz

Ce dernier quiz te permettra de situer ton niveau. En cas d'erreur, n'hésites pas à reprendre la théorie des chapitres où tu as eu le plus de difficulté.

This last quiz will allow you to assess your level. If you make a mistake, do not hesitate to repeat the theory of the chapters where you had the most difficulty.

1. Forme le féminin de ces adjectifs: méchant, beau, fiable, mignon.

   _____

2. Transforme cette phrase en utilisant un pronom direct: Paola lit un livre.

   _____

3. Transforme cette phrase en utilisant un pronom indirect: J'offre un cadeau à Sophie.

   _____

4. Décris ton plat préféré en quelques phrases.

   _____

5. Complète ces phrases en utilisant un comparatif d'infériorité (-) et un comparatif de supériorité (+).

   Catherine est _____ rapide _____ Stéphane. (+)

   Françoise est _____ fatiguée_____ Romain. (-)

   Mathilde est _____ grande _____ Sylvie. (-)

   Je suis _____ curieux _____ toi. (+)

6. Demande le prix d'une place de cinéma.

   _____

7. Demande l'horaire d'un film.

_____

8. Décrit le travail d'un de tes proches en 3 phrases.

_____

_____

_____

Décris ce que tu faisais la semaine passée.

_____

_____

_____

_____

9. Décris ce que tu feras le mois prochain.

_____

_____

_____

_____

Chapter 10: Basic Grammar Revision

Les accents en français / French accents					
Sans accent	a	e	i	o	u
Accent aigu		é			
Accent grave	à	è			ù
Accent circonflexe	â	ê	î	ô	û
Le tréma		ë	ï		
Français			**English**		
Je			I		
Tu			You		
Il / elle / on			He / she / it		

Nous	We
Vous	You
Ils / elles	They

Être – au présent	
Je suis	I am
Tu es	You are
Il est / elle est / on est	He is / she is / it is
Nous sommes	We are
Vous êtes	You are
Ils sont / elles sont	They are
Avoir – au présent	
J'ai	I have
Tu as	You have
Il a / elle a / on a	He / she / it has
Nous avons	We have
Vous avez	You have
Ils ont / elles sont	They have

Articles définis	Articles indéfinis	Articles démonstratifs

Le	Un	Ce
La	Une	Cette
L'	-	
Les	Des	Ces

Les pronoms interrogatifs	
Masculin singulier / male + single form	Lequel, duquel, auquel / which
Féminin singulier / female + single form	Laquelle, de laquelle, à laquelle / which
Masculin pluriel / male + plural form	Lesquels, desquels, auxquels / which
Féminin pluriel / female + plural form	Lesquelles, desquelles, auxquelles / which

Auxiliaire avoir – Auxiliary to have
Présent - present
Imparfait - past
Futur - future

J'ai
J'avais
J'aurai

Tu as

Tu avais

Tu auras

Il a, elle a, on a

Il avait, elle avait, on avait

Il aura, elle aura, on aura

Nous avons

Nous avions

Nous aurons

Vous avez

Vous aviez

Vous aurez

Ils ont, elles ont

Ils avaient, elles avaient

Ils auront, elles auront

Auxiliaire être – Auxiliary to be		
Présent - present	Imparfait - past	Futur - future
Je suis	J'étais	Je serai
Tu es	Tu étais	Tu seras
Il est, elle est, on est	Il était, elle était, on était	Il sera, elle sera, on sera
Nous sommes	Nous étions	Nous serons
Vous êtes	Vous étiez	Vous serez
Ils sont, elles sont	Ils étaient, elles étaient	Ils seront, elles seront
Sujet	Complément direct	Complément indirect

Je	Me	Me
Tu	Te	Te
Il /elle / on	Le / la	Lui
Nous	Nous	Nous
Vous	Vous	Vous
Ils / elles	Les	Leur

Les adjectifs/déterminants possessifs – Possessive adjectives			
Sujet	Masculin	Féminin	Pluriel
Je	Mon	Ma	Mes
Tu	Ton	Ta	Tes
Il / elle / on	Son	Sa	Ses
Nous	Notre	Notre	Nos
Vous	Votre	Votre	Vos
Ils / elles	Leur	Leur	Leurs

Les pronoms possessifs – Possessive pronouns			
Sujet	Masculin	Féminin	Pluriel
Je	Le mien	La mienne	Les miens / les miennes
Tu	Le tien	La tienne	Les tiens / les

			tiennes
Il / elle / on	Le sien	La sienne	Les siens / les siennes
Nous	Le nôtre	La nôtre	Les nôtres
Vous	Le vôtre	La vôtre	Les vôtres
Ils / elles	Le leur	La leur	Les leurs

Adverbes d'affirmation	
Français	English
Certes	Certainly
Sans doute	Without a doubt
Vraiment	Truly
Oui	Yes
Volontiers	Willingly
D'accord	Agreed

Adverbes de négation	
Français	English
Ne ... pas	Do not
Non	No

Adverbes de doute	
Français	**English**
Peut-être	Maybe
Probablement	Probably
Sûrement	Surely

Vocabulary Appendix

Dans ce chapitre, libre à toi d'utiliser les listes de vocabulaire par thème en remplissant le côté en français afin de vérifier que tu as bien appris les nouveaux mots. Martin te fournit les listes classées par thème avec uniquement les mots en anglais. Cela ne tient qu'à toi de les remplir !

In this chapter, you are free to use the themed vocabulary lists by filling in the French side to check that you have learned the new words. Martin provides you with the themed lists with only the English words. It's up to you to fill them in!

List 1: colors

Français	**English**
	The color
	Red
	Blue

	Green
	Yellow
	White
	Black
	Grey
	Brown
	Pink
	Purple
	Orange
	Beige
	Gold
	Silver

List 2: the greetings

Français	English
	Good morning
	Good afternoon
	Good evening

	Good night
	Hello
	Goodbye
	See you soon
	Have a good day
	Have a good evening
	See you tomorrow
	Bye
	Welcome
	Nice to meet you

List 3: countries and nationalities

Français	English
	France
	Switzerland
	Germany
	Austria
	Italy
	England
	Poland
	Russia

	Greece
	Spain
	Portugal
	Norway
	Sweden
	The United States
	Canada
	Mexico
	Brazil
	China
	Japan
	Thailand
	India
	Australia
	New Zealand
	Egypt
	Morocco
	Senegal
	South Africa
	Europe

	North America
	South America
	Asia
	Africa
	Oceania
	The nationality
	The origin
	The culture

List 4: the house

Français	English
	The ground floor
	The first floor
	The second floor
	The third floor
	The basement
	The inside
	The outside
	The hallway
	The kitchen

	The bedroom
	The living room
	The badroom
	The office room
	The garage
	The garden
	The hall
	The cellar
	The balcony
	The bed
	The sofa
	The chair
	The stool
	The toilets
	The shower
	The bath
	The pan
	The frying pan
	The bowl
	The plate

	The fork
	The knife
	The spoon
	The tea spoon
	The glass
	The television / the TV
	The computer
	The table
	The desk
	The armchair
	The bin
	The plant
	The chimney
	The shelf
	The window
	The door

Liste 5: verbs from the 1st group

Français	English
	To eat
	To sing

	To play
	To work
	To dance
	To walk
	To love
	To call
	To buy
	To begin
	To create
	To forget
	To pay
	To cry
	To bring
	To send
	To win (a game)
	To earn
	To repeat
	To look / to watch
	To wipe
	To close

	To think
	To speak
	To chat
	To yell
	To clean
	To tidy up
	To wash
	To cook
	To observe
	To spell
	To teach
	To pray

List 6: verbs from the 2nd group

Français	English
	to finish
	to grow up
	to build

	to cure
	to grab
	to reunite
	to succeed
	to throw up
	to choose
	to feed
	to get old
	to define
	to slow down
	to gain weight
	to lose weight
	to act
	to guarantee
	to react
	To lie

List 7: the food

Français	English
	The fruit
	The apple

	The pear
	The banana
	The strawberry
	The raspberry
	The blackberry
	The blueberry
	The peach
	The apricot
	The pineapple
	The mango
	The coconut
	The papaya
	The cherry
	The lemon
	The lime
	The rhubarb
	The redcurrant
	The dragon fruit
	The grape
	The kiwi

	The orange
	The mandarin
	The plum
	The mirabelle plum
	The avocado
	The persimmon
	The pomegranate
	The grapefruit
	The melon
	The watermelon
	The lychee
	The fig
	The black currant
	The chestnut
	The guava
	The kumquat
	The walnut
	The hazelnut
	The cashew nut
	The vegetable

	The carrot
	The tomato
	The salad
	The pea
	The leek
	The onion
	The garlic
	The pumpkin
	The radish
	The bell pepper
	The zucchini
	The eggplant
	The spinach
	The cauliflower
	The broccoli
	The cabbage
	The red cabbage
	The brussel sprout
	The Chinese cabbage
	The potato

	The beetroot
	The parsnip
	The artichoke
	The endive
	The shallots
	The cucumber
	The asparagus
	The bean
	The celery
	The turnip
	The fennel
	The ginger
	The lettuce
	The sweet potato
	The arugula
	The Jerusalem artichoke
	The olive
	The food
	The bread
	The baguette

	The croissant
	The chocolate bread
	The pastry
	The cheese
	The goat cheese
	The blue cheese
	The raclette
	The meat
	The beef
	The pork
	The chicken
	The lamb
	The horse
	The fish
	The codfish
	The salmon
	The tuna
	The tofu
	The soy
	The milk

	The yogurt
	The tea
	The coffee
	The water
	The syrup
	The pasta
	The flour
	The sugar
	The butter
	The salt
	The pepper
	The cake
	The cookie
	The candy
	The chocolate
	The wine
	The beer
	The mayonnaise
	The mustard
	The cereals

	The maple syrup
	The jam
	The honey
	The chips
	The baking powder
	The rice
	The lentils
	The chickpeas
	The shrimp
	The mussels
	The fries
	The cream
	The spices
	The ham
	The salami
	The bacon
	The sushis
	The noodles
	The raviolis
	The gnocchis

	The puff pastry
	The sauce
	The gherkins
	The egg
	The dough
	The pizza
	The hamburger
	The meal
	Asian food
	Mexican food
	French cuisine
	Italian cuisine
	The stew
	The blood sausage
	The steak tartar
	The sauerkraut garnish
	The flammkuchen (kind of a white pizza)
	The bourguignon beef
	The quiche lorraine

	The tartiflette
	The couscous
	The tarte tatin (caramelized apple pie)
	The (cheese) fondue
	The bourguignonne fondue
	The Chinese fondue
	The chocolate fondue
	The Mongolian fondue
	The risotto
	The pizza
	The spaghetti Bolognese
	Stuffed tomatoes
	The raclette (melting cheese)
	Tomme cheese
	Goat cheese

List 8: adverbs of place

Français	English
	Inside the...
	Outside the...
	Outside

	Inside
	Above, on top
	Up, upstairs
	Below
	Below, downstairs
	On
	Against
	In front of, forward
	Behind, back to, backwards
	Upstairs
	Elsewhere
	Around the
	Here
	There, over there
	Far, far away
	Everywhere
	Close by, nearby
	Very close
	Somewhere
	Nowhere

List 9: irregular verbs – 3rd group

Français	English
	To open
	To sleep
	To can
	To worth
	To want
	To write
	To drink
	To take
	To learn
	To know
	To appear
	To beat
	To put
	To admit
	To allow
	To transmit
	To bribe
	To break up

	To welcome
	To pick
	To go
	To wait
	To sit
	To drive
	To cook
	To promise
	To hear
	To do
	To read

List 10: in town

Français	English
	The bus
	The car
	The tramway

	The subway
	The train
	The boat
	The bike
	By foot
	The taxi
	The scooter
	The coach
	On the right
	On the left
	Straight ahead
	The direction
	Cross...
	The sidewalk
	Next to...
	In front of...
	Move forward to...
	The crosswalk
	Go to...
	Behind...

	North
	South
	East
	West
	The train station
	The bus station
	The town hall
	The park
	The bridge
	The church
	The shop
	The shopping center
	The supermarket
	The restaurant
	The pub
	The cinema
	The theater
	The museum
	The pharmacy
	The jail / The prison

	The police station
	The gas station
	The street
	The boulevard
	The square
	The avenue

List 11: time expressions

Français	English
	Today
	Every morning
	Every afternoon
	Every evening
	Every night
	At the weekend
	On Tuesdays
	On Sundays
	In the morning
	In the afternoon
	In the evening
	At night

	During the night
	Always
	Often
	Sometimes
	Rarely
	Hardly ever
	Never
	All night long
	All day long
	Next week
	Next month
	In 3 days
	Next year
	Soon
	In the future
	Tomorrow
	Yesterday
	The day before yesterday
	Last month
	Two days ago

	Last year
	A long time ago
	Last week
	Before
	In the past

List 12: family members

Français	English
	The family
	The father
	The mother
	The dad
	The mom
	The brother
	The sister
	The siblings
	The parents
	The grandfather
	The grandmother
	The grandpa
	The grandma

	The uncle
	The aunt
	The cousin
	The cousin
	The nephew
	The niece
	The godson
	The goddaughter
	The godfather
	The godmother
	The wedding
	The engagement
	The death
	The funeral
	The divorce
	The separation
	The baby
	The newborn
	The birth

List 13: the human body

Français	English
	The body
	Body parts
	The head
	The eye, the eyes
	The nose
	The chin
	The mouth
	The hair
	The forehead
	The cheek
	The eyelashes
	The eyebrows
	The skull
	The bone, the bones
	The neck
	The ear
	The lips
	The tongue
	The tooth, the teeth

	The shoulder
	The arm
	The hand
	The finger
	The elbow
	The chest
	The chest / the torso
	The belly
	The belly button
	The rib
	The hip
	The leg
	The knee
	The shinbone
	The calf
	The foot
	The toe
	The nail
	The muscle
	The organ

	The heart
	The lungs
	The kidneys
	The genitals
	The stomach
	The brain
	The liver
	The bowel
	The blood
	The vein
	The throat

List 14: the adjectives

Français	English
	Beautiful
	Pretty
	Cute

	Nice
	Mean
	Ugly
	Appealing
	Attractive
	Muscled
	Weak
	Coward
	Big, fat, large
	Slim
	Thin
	Overweight
	Strong
	Sporty
	Clumsy
	Generous
	Helpful
	Stingy
	Stingy
	Understanding

	Tall
	Small
	Giant
	Medium
	Tanned
	Polite
	Good
	Kind, friendly
	Loving
	Boring
	Interesting
	Chatty
	Energetic
	Positiv
	Negativ
	Sad
	Happy
	Happy
	Angry, upset
	Angry, pissed

	Shy
	Smart
	Curious
	Reserved
	Faithful
	Loyal
	Unfaithful
	Stupid
	Clever
	Stressed
	Calm
	Quiet

List 15: jobs

Français	English
	The profession
	The job
	The company

	The nurse
	The doctor
	The dentist
	The psychologist
	The cook
	The baker
	The butcher
	The fishmonger
	The market gardener
	The housekeeping staff
	The waiter, the waitress
	The teacher
	The police officer
	The firefighter
	The farmer
	The computer scientist
	The engineer
	The journalist, the reporter
	The secretary
	The boss

Français	English
	The vet
	The surgeon
	The electrician
	The mechanic
	The pediatrician
	The hairdresser
	The actor, the actress
	The singer
	The producer
	The politician
	The musician
	The accounting officer
	The banker
	The driver
	The employee

List 16: months and seasons

Français	English
	January
	February
	March

	April
	May
	June
	July
	August
	September
	October
	November
	December
	The winter
	The autumn
	The spring
	The summer
	The season
	The month
	The day
	The date

Answer Key

Answers to exercise 1

1. La banane est jaune. The banana is yellow.
2. Le cochon est rose. The pig is pink.

3. L'arbre est vert. The tree is green.

4. La fraise est rouge. The strawberry is red.

5. Le ciel est bleu. The sky is blue.

6. La pierre est grise. The stone is grey.

7. Le corbeau est noir. The raven is black.

8. Le riz est blanc. The rice is white.

9. Le raisin est violet. The grape is purple.

10. Le chocolat est brun. The chocolate is brown.

Answers to exercise 2

1. Martin **voyage** en France. Martin travels in France.

2. Il **commence** son voyage à Paris. He begins his trip in Paris.

3. Il **visite** le Louvre. He visits the Louvre.

4. Il **boit** un café dans un restaurant. He drinks a coffee in a restaurant.

5. Il **mange** une crêpe. He eats a crepe.

6. Il **se promène** au bord de la Seine. He walks along the Seine.

7. Il **prend** le métro. He takes the subway.

8. Il **écoute** un concert de Jean-Jacques Goldmann. He listens to a Jean-Jacques Goldmann concert.

9. Il **dort** à l'hôtel. He sleeps in a hotel.

10. Il **mange** un croissant dans une boulangerie. He eats a croissant in a bakery.

Answers to exercise 3

14 = quatorze

27 = vingt-sept

35 = trente-cinq

42 = quarante-deux

53 = cinquante-trois

63 = soixante-trois

77 = soixante-dix-sept

82 = quatre-vingt-deux

---

99 = quatre-vingt-dix-neuf

100 = cent

Answers to exercise 4

Les réponses ci-dessous sont uniquement des exemples. Adapte-les selon tes propres affirmations.

The answers below are examples only. Adapt them to your own statements.

1. Comment t'appelles-tu ? Je m'appelle Martin. My name is Martin.
2. Quel âge as-tu ? J'ai 22 ans. I am 22 years old.
3. Où habites-tu ? J'habites en Angleterre. I live in England.
4. D'où viens-tu ? Je viens de Londres. I come from London.
5. Quel travail fais-tu / quelles études fais-tu ? Je travaille en tant qu'informaticien. / J'étudie le droit à l'université. I am working as an IT specialist. / I study the law at the university.

Answers to exercise 5

1. Je pars **à / sur** Lyon. I am going to Lyon.
2. La serviette est **en / dans** la salle de bain. The towel is in the bathroom.
3. Des guides sont disponible **sous / à** la réception. Guides are available at the reception.
4. Le verre est **sur / vers** la table. The glass is on the table.
5. Le chat se cache **sous / dans** la table. The cat hides under the table.
6. La gare se trouve **en dessous de / en face de** la mairie. The train station is located in front of the town hall.
7. Je me balade **parmi / le long de** la rivière. I walk along the river.
8. Le salon de coiffure est **entre / à l'intérieur** du centre commercial. The hair salon is inside the shopping center.
9. Il s'assied **à côté de / à** moi. He sits next to me.
10. Le musée est **près de / dans** la station de métro. The museum is near the metro station.

Answers to exercise 6

1. La chambre se situe au troisième étage. The room is located on the third floor.

2. Où est la cuisine? Where is the kitchen?

3. Je souhaite réserver une chambre pour deux personnes. I would like to book a room for 2 people.

4. Quel est le prix pour une nuit ? What is the price for one night?

5. Le petit-déjeuner n'est pas inclus dans le prix. The breakfast is not included in the price.

Answers to exercise 7

1. Cette / **Cet** pêche est mure. This peach is ripe.

2. Cette / **Ces** pizzas sont végétariennes. These pizzas are vegetarian.

3. Martin achète ce / **cet** pain pour le petit-déjeuner. Martin, buy this bread for the breakfast.

4. Ce / **Cet** ananas coûte 3 euros. This pineapple costs 3 euros.

5. Cette / **Cet** homme mange ces / ce fruits. This man eats theses fruits.

6. Il n'y a pas de confiture dans ce / **cet** magasin. There is no jam in this shop.

7. Au marché, je ne trouve pas ce / **ces** produit que j'aime tant. At the market, I can not find this product that I like so much.

8. Il y a uniquement dans cet / **ce** magasin asiatique que je trouve de bonnes nouilles. There is only in this Asian store that I can find good noodles.

9. Dans cet / **cette** boulangerie, il y a de très bonnes brioches. In this bakery, there are very good buns.

10. Cet / **Cette** boisson est la préférée de ma sœur. This drink is my sister's favorite.

Answers to exercise 8

Il mange	He eats

Nous chantons	We sing
Je joue	I play
Tu pleures	You cry (singular)
Vous oubliez	You forget (plural)
Ils paient / elles paient	They pay
Elle crie	She yells
J'aime	I love
Tu appelles	You call (singular)
Nous dansons	We dance
Vous marchez	You walk (plural)
Ils enseignent / elles enseignent	They teach
J'apporte	I bring
Elle gagne	She earns
Nous gagnons	We win

Answers to exercise 9

Vous finissez	You finish (plural)
Il agit	He acts
Ils réagissent / elles réagissent	They react
Je guéris	I cure

Nous saisissons	We grab
Tu grandis	You grow up (singular)
Elle choisit	She chooses
Ils définissent	They define
Je garantis	I guarantee
Nous maigrissons	We lose weight
Vous bâtissez	You build (plural)
Elle vomit	She throws up
Il ralentit	He slows down
Ils grossissent / elles grossissent	They gain weight
Nous vieillissons	We get old

Answers to exercise 10

1. Je mange cette pomme.
2. Martin achète du jus au marché.
3. Il y a du bon fromage au magasin.
4. Le pain de cette boulangerie est délicieux.
5. Cette boucherie propose de la viande de bœuf.

Answers to exercise 11

1. Je ne vais **jamais** au cinéma, car je déteste cela.
2. Une fois par semaine, **tous les mardis**, elle va à son cours de danse.
3. Noémie est la meilleure étudiante de son école. Elle étudie **toute la journée.**
4. Lucien ne va pas **souvent** au restaurant car il n'a pas beaucoup d'argent.

5. Pour l'anniversaire de Julie, nous allons danser **toute la nuit** dans une discothèque.

6. Je vais **toujours** à la bibliothèque lorsque j'ai envie de lire un livre.

1. I **never** go to the cinema because I hate it.

2. Once a week, **every Tuesday**, she goes to her dance class.

3. Noémie is the best student in her school. She studies **all day long.**

4. Lucien does not go to restaurants very **often** because he does not have much money.

5. For Julie's birthday, we are going to dance **all night long** in a disco.

6. I **always** go to the library when I want to read a book.

Answers to exercise 12

1. Je vais faire mes courses **au supermarché.**

2. Martin va se balader **au parc** tous les matins.

3. Sylvain a loué une voiture et doit remettre de l'essence à **la station essence.**

4. Emma va boire une bière **au bar** avec des copines.

5. Justin va acheter des médicaments à **la pharmacie.**

6. Béatrice et Gilles mangent une crêpe **au restaurant.**

7. Louise va voir une exposition d'art **au musée.**

8. Tristan va prendre le train à **la gare.**

9. Romain et Maël vont **au cinéma** voir un film d'horreur.

10. Mon appartement se situe proche de **la rue** Rivoli.

1. I go shopping **at the supermarket.**

2. Martin goes for a walk **in the park** every morning.

3. Sylvain has rented a car and has to put petrol back **in the petrol station.**

4. Emma goes for a beer **at the bar** with some friends.

5. Justin goes **to the pharmacy** to buy some medicine.

6. Beatrice and Gilles are eating a pancake **in a restaurant.**

7. Louise goes to see an art exhibition **at the museum.**

8. Tristan is going to take the train **at the train station.**

9. Romain and Maël go **to the cinema** to see a horror film.

10. My flat is close to **the Rivoli street.**

Answers to the quiz (chapters 1 to 5)

1. **Quel est l'ordre des mots dans une phrase simple ?**

   What is the word order in a simple sentence?

   En 1ère position, on retrouve le sujet. En 2ème position, il y a le verbe. En 3ème position, il y a le complément/l'objet.

2. **Ecris les chiffres de 1 à 10.**

   Write the numbers from 1 to 10.

   Un

   Deux

   Trois

   Quatre

   Cinq

   Six

   Sept

   Huit

   Neuf

   Dix

3. **Cite 3 manières de saluer quelqu'un.**

   Name 3 ways to greet someone.

   Bonjour

   Bonsoir

   Salut

4. **Présente-toi en 3 phrases (ci-dessous tu trouveras plusieurs exemples que tu peux adapter selon tes propres informations).**

   Introduce yourself in 3 sentences (below you will find several examples that you can adapt according to your own information).

   Je m'appelle Christine.

   J'ai 35 ans.

J'habites à Lille, dans le nord de la France.

Je travaille en tant que coiffeuse.

Je suis étudiante en économie d'entreprise à l'université de Lyon.

5. **Quel est l'ordre des mots dans une question avec la forme « est-ce que » ?**

    What is the word order in a question with the form "est-ce que"?

    La forme « est-ce que » se trouve en 1ère position. En 2ème position, il y a le sujet. En 3ème position, il y a le verbe. En 4ème position, il y a parfois un complément/un objet.

6. **Pose les 3 questions qui réponds à ces 3 affirmations: Emilie a 54 ans. Elle habite en Suisse. Elle travaille en tant qu'infirmière à l'hôpital.**

    Ask the 3 questions that answer these 3 statements: Emilie is 54 years old. She lives in Switzerland. She works as a nurse in a hospital.

    Quel âge a Emilie ? / Quel âge a-t-elle ?

    Où est-ce qu'Emilie habite ? / Où habite-t-elle ?

    Quel est le travail d'Emilie ?/ Que fait-elle dans la vie ?

7. **Ecris 3 questions pour: réserver une chambre à l'hôtel / demander le prix de la chambre / connaître le numéro de la chambre.**

    Write 3 questions to: book a room in a hotel / ask the price of the room / find out the room number.

    Est-ce que je pourrais réserver une chambre dans votre hôtel ? / Est-ce qu'il y a encore une chambre de libre dans votre hôtel ? / Je souhaiterais réserver une chambre dans votre hôtel, est-ce possible ?

    Quel est le prix pour une chambre ? / Combien coûte une chambre ?

    Quel est le numéro de la chambre ? / A quel numéro se trouve la chambre ?

8. **Traduis la phrase suivante / Translate the following sentence: There are 3 persons in my dorm.**

Il y a 3 personnes dans mon dortoir.

9. **Tu souhaites acheter des souvenirs pour ta famille mais tu ne sais pas où en trouver. Pose la question afin de savoir où en trouver.**

   You want to buy souvenirs for your family but you do not know where to find them. Ask the question to find out where to get them.

   Où est-ce que je peux acheter des souvenirs ?

10. **Quelles sont les terminaisons des verbes du 1er groupe et du 2ème groupe ?**

    What are the endings of the 1st group and 2nd group verbs?

    Les verbes du 1er groupe se terminent en -er. Les verbes du 2ème groupe se terminent en -ir.

11. **Tu es perdu. Pose une question afin de demander ton chemin pour rejoindre la gare. You are lost. Ask a question to get directions to the train station.**

    Où est-ce que se trouve la gare?

12. **Réserve un billet de train pour aller à Marseille.**

    Book a train ticket to go to Marseille.

    Je souhaiterais réserver un billet de train pour aller à Marseille s'il-vous-plaît.

Answers to exercise 13

Les réponses ci-dessous sont uniquement des exemples. Adapte-les selon tes propres affirmations.

The answers below are examples only. Adapt them to your own statements.

J'ai deux grand frères jumeaux qui s'appellent Sylvain et Marc. Ils ont 24 ans. Sylvain est mécanicien et Marc est danseur. Ma maman s'appelle Martine et elle a 57 ans. Elle travaille en tant que pharmacienne. Elle sera à la retraite dans quelques années. Mon père s'appelle Bernard et il est cuisinier. Malheureusement, mes parents sont divorcés mais nous nous entendons tous très bien quand même.

I have two older twin brothers called Sylvain and Marc. They are

24 years old. Sylvain is a mechanic, and Marc is a dancer. My mother is called Martine, and she is 57 years old. She works as a pharmacist. She will be retired in a few years. My father is called Bernard, and he is a cook. Unfortunately, my parents are divorced, but we all get along very well anyway.

Answers to exercise 14

1. La vache est noire **et** blanche. The cow is black and white. = **conjonction de coordination**

2. Annie va au supermarché **car** son frigo est vide. Annie goes to the supermarket because her fridge is empty. = **conjonction de coordination**

3. Roxane deviendra infirmière **si** elle réussit son dernier examen. Roxane will become a nurse if she passes her final exam = **conjonction de subordination**

4. Victor pourra travailler pour une grande entreprise **quand** il aura terminé son stage d'informaticien. Victor will be able to work for a big company when he finishes his IT internship.= **conjonction de subordination**

5. Il fait très froid dehors **donc** je mets un manteau. It is very cold outside so I put on a coat. = **conjonction de coordination**

6. Jules ne sait pas chanter **ni** danser. Jules can not sing nor dance. = **conjonction de coordination**

Answers to exercise 15

2:15 am: Il est 2 heures et quart il est 2 heures 15.

5:30 am: il est 5 heures et demi il est 5 heures 30

8:40 pm: Il est 20 heures 40 il est 8 heures 40 du soir il est 9 heures moins 20

10:00 pm: Il est 22 heures il est 10 heures du soir.

12 am: Il est minuit.

1pm: Il est 13 heures il est 1 heure de l'après-midi

Answers to exercise 16

Français	English

Tu mangeais	You ate (singular)
Il jouait	He played
Ils chantaient / elles chantaient	They sang
Nous écoutions	We heard
Vous buviez	You drank (plural)
J'écrivais	I wrote
Je dansais	I danced
Elle pleurait	She cried
Nous finissions	We finished
Ils parlaient	They spoke

Answers to the quiz (chapters 6 to 9)

1. Forme le féminin de ces adjectifs: méchant, beau, fiable, mignon.

Form the feminine of these adjectives: mean, beautiful, reliable, cute.

Méchante, belle, fiable, mignonne

2. Transforme cette phrase en utilisant un pronom direct: Paola lit un livre.

Transform this sentence using a direct pronoun: Paola is reading a book.

Paola le lit.

3. Transforme cette phrase en utilisant un pronom indirect: J'offre un cadeau à Sophie.

Transform this sentence using an indirect pronoun: I'm giving Sophie a present.

Je lui offre un cadeau.

4. Décris ton plat préféré en quelques phrases. (ceci n'est

qu'un exemple)

Describe your favourite food in a few sentences. (this is just an example)

Mon plat préféré est la pizza. La pizza est un plat composé de pâte et de sauce tomate. Ensuite, on peut y rajouter ce qu'on veut dessus comme des champignons, des poivrons et du jambon.

5. Complète ces phrases en utilisant un comparatif d'infériorité (-) et un comparatif de supériorité (+).

Complete these sentences using a comparative of inferiority (-) and a comparative of superiority (+).

Catherine est **plus** rapide **que** Stéphane. (+)

Françoise est **moins** fatiguée **que** Romain. (-)

Mathilde est **moins** grande **que** Sylvie. (-)

Je suis **plus** curieux **que** toi. (+)

6. Demande le prix d'une place de cinéma.

Ask for the price of a cinema ticket.

Combien coûte une entrée ? / Quel est le prix d'un ticket ?

7. Demande l'horaire d'un film.

Ask for a movie schedule.

A quelle heure commence le film ?

8. Décrit le travail d'un de tes proches en 3 phrases. (ceci n'est qu'un exemple)

Describe the work of someone close to you in 3 sentences. (this is just an example)

Ma sœur est enseignante. Elle enseigne la musique. Elle chante avec ses élèves.

9. Décris ce que tu faisais la semaine passée. (ceci n'est qu'un exemple)

Describe what you were doing last week. (this is just an example)

La semaine passée, je faisais une randonnée à la montagne.

10. Décris ce que tu feras le mois prochain. (ceci n'est qu'un

exemple)

Describe what you will do next month. (this is just an example)

Le mois prochain, je ferai une balade au bord du lac.

Free Bonuses from Raoul Dumont

Hi French Learners!

My name is Raoul Dumont, and first off, I want to THANK YOU for reading my book.

Now you have a chance to join my exclusive French language learning email list so you can get the ebooks below for free as well as the potential to get more French books for free! Simply click the link below to join.

P.S. Remember that it's 100% free to join the list.

Access your free bonuses here:

https://livetolearn.lpages.co/french-learners/